Textbook of Defined Contribution Plan

確定拠出年金の
教科書

山崎 元
Yamazaki Hajime

日本実業出版社

◉まえがき

　確定拠出年金に関して、個人が何をどうしたらいいのかがスッキリ分かり、「これ一冊あれば、安心だ」と読者に言って貰えるような本を書きたい。これが、本書の執筆動機だ。

　「確定拠出年金の教科書」という書名には、**正しい内容**を伝えるものでありたいということと、**必要なことを一通り一冊の中に**コンパクトにまとめておきたいという願望を込めた。

　さて、「教科書」を標榜する本書だが、勉強の目的によって、教科書に様々な使い方があるように、本書は、頭から尻尾まで、均一に読んで欲しいと願う本ではない。

　以下、筆者が想定する、本書の利用法をお伝えする。

　確定拠出年金について知るべきことは一通り知っておきたいと考える**「普通の読者」は、第5章を飛ばして、第1章から第6章までを通読して頂きたい。**

　第5章「確定拠出年金の諸手続」では、確定拠出年金の受け取り方や、転職などで年金の移換が必要になった場合の手続について解説しているが、多くの読者にとって年金の受け取りは

遠い将来だろうし、加入する年金制度が変わるような事態は頻繁に生じるものではあるまい。**読者は、必要に応じて、第5章を参照するといいだろう。**

　確定拠出年金を、何はともあれ早く始めたいと考えている**「急ぎ気味の読者」**には、第3章「確定拠出年金の始め方」→第4章「確定拠出年金を『合理的に』使いこなそう」→第6章「変化に対応する」の順番で読み進めて頂くことを、お勧めする。確定拠出年金に、加入して、運用の仕方を決めて、その後の変化に対してどうしたらいいか、が手っ取り早くお分かり頂けるように書いた。

　また、ともかく運用のやり方だけ知りたい、という**「結論を急ぐ読者」**には、何はともあれ、第4章「確定拠出年金を『合理的に』使いこなそう」から先に読んで頂きたい。敢えて言うなら、この第4章が本書の目玉となるパートだ。この章では、運用計画の作り方と、運用商品の選択方法を説明するのと共に、**具体的な運営管理機関の運用商品のラインナップを紹介して、これらの良し悪しを率直に評価し、さらに、具体的にどの商品を選ぶと正解になるか、また選んではいけない商品（本書では「地雷」と呼ぶ）はどれなのかを理由と共に指摘している。**

　現実の確定拠出年金加入者の運用商品選択を見て、「100％正解」と言えるのは、筆者の体感では10人に1人以下だ。読者は、本章の実例を眺めて、「自分ならどの商品を選ぶだろうか？」と考えてみて欲しい。

　もちろん、著者としては、読者が、本書の全ての章を読んで

下さるなら、それは、大いに嬉しいことだ。

第1章「確定拠出年金で、何がどれほど得になるのか」では、読者のやる気を高めるべく、確定拠出年金のメリットを訴えた。

第2章「なぜ今、確定拠出年金が話題なのか」では、確定拠出年金を巡る、政府、導入企業、金融機関それぞれの思惑とも言うべき「大人の事情」をご説明した。確定拠出年金を賢く使うための背景知識になるだろう。

最終章の第6章「変化に対応する」では、運用の入門書では案外書かれることの少ない、事態が変化した時の対応方法を説明した。**最後に、本書の総まとめとして、確定拠出年金を扱う上での基本的な考え方を、三原則に集約した。**

◎

今回、筆者が目指す「正しい内容」の意味は、確定拠出年金の加入者ないしは加入者となり得る個人にとって正しいという立場の観点と、経済合理的な意思決定として正しいという判断基準の観点の二つの要素から成り立っている。つまり、**与えられた条件の下で、加入者個人にとって「最も得なのは、何か?」と問うことによって、確定拠出年金に関連する全ての意思決定がシンプルに決められることを、本書ではお伝えしたい。**

本書では、**曖昧を廃して、結論を明快に述べることにした。**

金融資産の運用には不確実性が付きものだ。運用の本を書く側では、運用の環境や投資家のタイプによって、異なる運用方

法や商品をカタログ的に並べて、選択を読者の側に委ねたくなる誘惑がある。しかし、そもそも運用の目的は、誰にとっても「お金を増やすこと」だから、投資家のタイプに拘ることは、実は、無意味なのだ。また、素人ばかりでなく、プロにとっても、株価や為替レートなどの市況を予想することは困難だ。だとすれば、これらの全てを前提とした上で、意思決定として何が正しいかの結論を率直にお伝えするのが、正しいアドバイスのあり方だろう。曖昧なアドバイスは、読者が間違いを犯す元にもなりかねない。

　本書では、読者の勤め先の企業が用意する確定拠出年金の使い方、加入する運営管理機関の選び方（個人型確定拠出年金の場合）、運用商品の選び方、年金の受け取り方法の選択、転職などの際の手続、加えて、運用期間中の市況の変動への対応など、様々な問題を取り上げたが、基本的な考え方は、全て、今できることの中で「最も得なのは、何か？」で統一した。

　この結果、本書全体を通して、確定拠出年金の意思決定のあれこれは、好みや、気分によって、曖昧に決まるのではなく、まして金融機関の勧めに従って決まるようなものでもなく、論理的にスッキリ決められるものなのだ！　と読者に分かって頂けたなら、筆者が本書を書いた目的は達成されている。

　また、もう一つの方針として、**本書は、確定拠出年金を提供する金融ビジネスの側に立つのではなく、100％加入者個人の利益の側に立つことにした。**

　金融機関は、本書を決して確定拠出年金教育のテキストには

使うまい（使ったら、立派だ！）。そのことは、同時に、「損をしたくない個人」である読者にとって、本書が有益な書物であることの証でもある、というくらいに筆者は思っている。

　もちろん、確定拠出年金を担当する心ある金融マンが、本書の内容を参考にして加入者教育を考えて下さるなら、大歓迎である。ご意見、ご批判も頂けるとありがたい。筆者自身も一金融マンであり、金融業界の改善を心から願っている。

◎

　本書は、就職・転職してみたら勤め先に確定拠出年金の制度があって、これをどうしたらいいのか分からないという全くの初心者から、確定拠出年金の加入者向け教育の内容を検討している企業や金融機関の担当者まで、幅広い読者を想定している。

　確定拠出年金という一つの制度を題材として、運用意思決定の考え方を提示してみた本でもあるので、特に資産運用にご興味のある読者にとっては、運用の考え方の基本を確認する例題としても読んで頂けると思う。

　加えて、筆者は、金融資産の運用が専門だが、本書を確定拠出年金の運用だけを説明する本にはしたくなかった。

　確定拠出年金にあっては、申し込みから、受け取りまで、様々な場面で加入者が選択を問われる。そこで、「最も得なのは、何か？」を見つけられないと、適切な利用ができない。年金の受け取りや、年金資産の移換の手続などは、率直に言って、

相当に煩雑だが、これらが必要な時に、読者が本書を参照してくれたら、問題解決の、少なくとも方向性は見つかるはずだ。

折しも2016年5月下旬、**本書執筆の最終盤に、「確定拠出年金法等の一部を改正する法律案」**が国会を通過した。改正内容は、対象者の拡大や各種の規制緩和など、確定拠出年金に多くのポジティブな変化をもたらすものになっている。本書がこれらを反映することが出来たことは大変喜ばしい。

多くの「個人」に、本書が役に立つことを願っている。

2016年5月25日

山崎　元

確定拠出年金の教科書 ● 目次

まえがき

第1章

確定拠出年金で、何がどれほど得になるのか

● 第1章のポイント
確定拠出年金はやらないと「もったいない！」…… 016

確定拠出年金税制面で３つのメリット …… 018

大きく「節税」出来るのが、確定拠出年金 …… 018

〔第1のメリット〕

掛け金が全額「非課税」になり、所得税や住民税が減る …… 019

〔第2のメリット〕

運用中の利益にかかる税金も「非課税」になる …… 021

〔第3のメリット〕

老後に受け取る時も、税金の控除がある …… 022

税金以外の確定拠出年金のメリット …… 024

確定拠出年金は、転職で不利にならない …… 024

確定拠出年金は、将来の年金額が企業の都合に左右されない …… 027

年金積立金が把握出来ることも「いい事」だ …… 028

運用商品で有利なラインナップがあることも …… 029

導入企業にとっても有利な制度 …… 031

人件費（社会保障費）の軽減 …… 031

年金運用のリスクからの解放 …… 032

よい人材を集める材料となる …… 033

今後、中小企業を対象とした制度改正が予定されている …… 034

第2章

なぜ今、確定拠出年金が話題なのか
〜政府の思惑、企業の本音〜

◉第2章のポイント

**政府・企業・金融機関の
思惑を知って利用しよう** …… 036

年金とは何か …… 038

公的年金と私的年金 …… 039

公的年金は破綻するのか？ …… 040

使いでは減るが、ゼロにはならない公的年金 …… 042

公的年金からの離脱は「たぶん損」だ …… 044

確定拠出年金制度の仕組み …… 046

他の企業年金と何が違うのか …… 046

「企業型」と「個人型」の確定拠出年金 …… 048

確定拠出年金を取り巻く経済的環境の変化 …… 054

税制優遇拡大の背景 …… 055

第3章

確定拠出年金の始め方

◉ 第3章のポイント

　企業型では利用法に
　個人型では運営管理機関選びに気を付けよう …… 058

加入から給付までの流れ〜企業型・個人型共通〜 …… 060

加入 …… 060

運用 …… 061

給付 …… 061

企業型確定拠出年金 …… 063

マッチング拠出制度 …… 063

デフォルト商品 …… 064

ラインナップをどう評価するか …… 065

投資教育の落とし穴〜「名ばかり」投資教育に気をつけよう …… 068

「カタチだけ」投資教育 …… 068

「カモの養殖」型投資教育の危険 …… 070

理想の投資教育と商品のラインナップ …… 071

個人型確定拠出年金 …… 074

見落とし易い個人型の加入資格 …… 074

運営管理機関を決めるのは運用方針を決めた後 …… 076

手数料は運営管理機関によって異なる …… 078

申込手続時に金額と配分を指定する …… 080

手続完了通知は、国民年金基金連合会から届く …… 082

運営管理機関を変更する場合 ‥‥‥ 084

移換手続 ‥‥‥ 085
移換の注意点 ‥‥‥ 085

第4章

確定拠出年金を「合理的」に使いこなそう

● 第4章のポイント
  確定拠出年金の運用は
  「合理的」に一つに決まる ‥‥‥ 088

確定拠出年金の最適利用法　基本の四原則 ‥‥‥ 090

1 自分に可能な最大限の金額で利用する ‥‥‥ 090
2 （企業型の加入者ではない場合）個人型の加入資格が
  あるかどうか確認して、出来る限り利用する ‥‥‥ 091
3 確定拠出年金での運用は
  「自分の資金運用全体の一部」だと心得る ‥‥‥ 093
4 運用全体の中で期待収益率の高い商品を
  集中的に割り当てる ‥‥‥ 094

確定拠出年金の運用商品を決める実践五原則 ‥‥‥ 095

資産配分（アセット・アロケーション）はこれで簡単！ ‥‥‥ 096
運用商品の評価は「手数料」のみで行う ‥‥‥ 098
外国株式インデックス・ファンドから考える訳 ‥‥‥ 100

実際の企業型確定拠出年金の
ラインナップを見てみよう ‥‥‥ 105

1 A社の場合 …… 106
2 B社の場合 …… 112
3 C社の場合 …… 116

個人型の商品ラインナップは
運営管理機関によって異なる …… 119

4 運営管理機関D社の場合 …… 119
5 運営管理機関E社の場合 …… 122

NISA、課税口座との使い分け …… 127

NISAには途中売却したくならない商品を …… 129

個人の運用構築の例 …… 132

〔ポートフォリオA〕 中堅サラリーマンを想定 …… 133
〔ポートフォリオB〕 若手フリーランスを想定 …… 135

第5章

確定拠出年金の
諸手続について

◉第5章のポイント
各種の手続は「自分で」行う …… 142

運用内容を変更する …… 144

配分変更とスイッチング …… 144
リバランスの考え方 …… 146

確定拠出年金の受け取り方（老齢給付金）…… 148

いつから受け取れるのか …… 149

老齢給付金の受け取り方法は3種類 …… 151
  - 分割取崩により、年金として受け取る場合 …… 152
  - 確定年金として受け取る場合 …… 153
  - 終身年金として受け取る場合 …… 154
  - 一時金として受け取る場合 …… 155
給付時にかかる税金と手数料 …… 155
  - 年金で受け取る場合＝公的年金等控除 …… 156
  - 一時金で受け取る場合＝退職所得控除 157
賢く受け取るための「考え方」…… 159
  - いつから受け取るのが「得」か …… 159
  - 年金と一時金、どちらで受け取るのが「得」か …… 160
  - 受け取り方に関わる要素 …… 164

確定拠出年金の受け取り方
（障害給付金・死亡一時金）…… 166

障害給付金 …… 166
死亡一時金 …… 167

番外編：意外に知られていない
確定拠出年金の利用法 …… 170

途中で離職・転職した場合 …… 172

1 企業型からの移換 …… 173
2 個人型からの移換 …… 177
3 運用指図者からの移換 …… 182
4 確定拠出年金以外の企業年金加入者からの移換 …… 183

移換の注意点 …… 187

移換の際には「現金化」される …… 187
自動移換に注意！…… 188

事業主返還の条件 …… 193

確定拠出年金から脱退する …… 195

60歳未満でも、年金資産を受け取れる場合がある …… 195
脱退手続請求の要件 …… 196
  - 企業型から脱退する場合 …… 196

- 個人型からの脱退の場合（個人型の加入資格がない場合）…… 199
- 「継続個人型年金運用指図者」の場合 …… 199

金融機関が破綻したら、年金はどうなるか? …… 202

勤め先企業、運営管理機関、資産管理機関は、破綻・倒産しても
確定拠出年金の資産は全額保護される …… 202
全額保護されない可能性があるのは? …… 203

第6章

変化に対応する

◉ 第6章のポイント
　さまざまな「変化」 …… 206

運用市場の「変化」 …… 208

運用商品の「変化」 …… 215

制度の「変化」への考え方 …… 220

確定拠出年金に関わる制度変化 …… 222

確定拠出年金の三原則 …… 229

あとがき

索引

※本文中の消費税は全て8%で計算しています。

本文イラスト／木口俊也
オビ写真撮影／村越将浩
装丁・DTP／村上顕一

第1章

確定拠出年金で、
何がどれほど得になるのか

Textbook of Defined Contribution Plan

● 第1章のポイント

確定拠出年金はやらないと「もったいない！」

　本書を手にとった皆さんが先ず知りたいことは、「確定拠出年金（Defined Contribution Plan）」の歴史的背景や細かい規則云々よりも、確定拠出年金を利用することで「何が」「どれほど」得になるのかだろう。

　2017年1月1日からの法改正により、20歳以上のほぼ全ての人が利用可能になることで、これまで「自分は利用出来ないから」と敬遠してきた人も、今後は無関心でいられなくなるはずだ。

　しかし、多くの人にとって「難しそうで、とっつきにくくて、よく分からない」という確定拠出年金の印象は、制度が始まって十数年が経過した今も、大きくは変わっていない。

　そこで、この第1章では、ともあれ「確定拠出年金は、ここがこれだけ得になります」という話「だけ」をしようと思う。

　もちろん、本書を読み進めて頂くと、詳しい利用方法や具体的な手順に始まり、賢い運用方法や注意点、将来の展望まできっちりと紹介しているので安心して欲しい。

016

書店で、又は電子ブックストアで購入して頂いた皆さんはもちろん、まさに今、本書を立ち読みしている人も是非この第1章には目を通して欲しい。「得する話の内容に興味はない」と心底思われる方とは、残念ながらご縁がないのかもしれないが、「得する話を知らないのは、損だ！」と思われる方は、是非、第2章以降も読んで頂きたい。本来、得になる話であっても、やりようによっては損になったり、十分な"旨味"を得られなかったりする場合があるからだ。確定拠出年金には、時に、隠れたワナがある。

Textbook of Defined Contribution Plan

確定拠出年金
税制面で3つのメリット

大きく「節税」出来るのが、確定拠出年金

　さて、結論から述べると、確定拠出年金では「**節税**」が出来る。つまり、税金が安くなることで得になるというのが「お得」の主な内容だ。

　たかが税金と侮ってはいけない。具体的にどれくらいの額を節税出来るかは、このあと詳しく説明するが、何よりも、税金を減らすことにより「（ほぼ）確実に！　儲かる」と言うことが可能な点が素晴らしい。嘘やハッタリでなくこう言えるものは、金融の世界にあっては滅多に存在しない。無視するには「もったいない」貴重な制度なのだ。

　この確定拠出年金の税金に係るメリットは3種類あって、制度を利用するそれぞれのタイミングに用意されている。

〔第1のメリット〕
掛け金が全額「非課税」になり、所得税や住民税が減る

　確定拠出年金では、通常は毎月決まった金額を掛け金として
拠出する。個人が掛け金を拠出する「**個人型**」の場合、金額は
後から変更可能だ。企業型では個々の企業の制度による。これ
を日々運用していった成果を老後に受け取る。

　税金のメリットの1つ目では、この掛け金が全額、非課税に
なる。所得税は、所得が大きくなるほど税金の額も大きくなる。
確定拠出年金では、拠出した金額を差し引いて「圧縮」された
所得額を元に、納める所得税の額を計算することが出来る。ま
た、住民税も所得が対象になるので、計算の元になる所得が確
定拠出年金の掛け金分だけ圧縮されると、税額が減少する。

　具体的な数字で見てみよう。

　ここに、課税対象となる所得が400万円になる会社員がいる
としよう。この場合、適用される所得税の限界率は20％であり、
住民税と合わせた納税額は78万5300円となる（次ゞ**図表1-1**）。
ところが、彼（又は彼女）が確定拠出年金の加入者であり、毎
月5万5000円、年間66万円を掛け金として拠出していたとす
ると、この額は大きく変わってくる。因みに、月額5万5000
円は、会社員が拠出出来る最高額だ。

　この場合、課税の対象となる所得の金額は、確定拠出年金の

第1章 ● 確定拠出年金で、何がどれほど得になるのか　　019

図表1-1 ● 年間納税額の差

課税所得400万円

課税所得	所得税額	住民税額	合計納税額
400万円	38万300円	40万5000円	78万5300円

確定拠出年金に加入していた場合
400万円から拠出額を差し引いた金額で、納税額を計算する
（拠出額5万5000円×12ヶ月＝66万円）

課税所得	所得税額	住民税額	合計納税額
334万円	24万5500円	33万9000円	58万4500円

78万5300円 － 58万4500円 ＝ 20万800円
20万800円もおトク！

※2016年5月1日現在の税率による。復興特別所得税を含み、住民税均等割を5000円として計算

　拠出額66万円を差し引いた334万円となる。ここから所得税と住民税を改めて計算し直すと、税額は58万4500円となり、1年間で20万800円もの税金を「節約」出来るのだ。

　なお、現行制度における確定拠出年金の拠出額の最高額は、加入者が自営業者等であった場合の6万8000円である。この場合、同じく課税対象所得が400万円として計算すると、節約出来る税金の額は更に増えて、23万6400円にもなる。

　この「節税」によって得られる金額と同じだけを株式投資によって手に入れようとした場合、仮に、運用期間中一定して5％のリターンが得られるとして計算すると、1年で20万800円

020

の運用益を得るには、元金として401万6000円もの資金が必要である。23万6400円だと、必要元本額は472万8000円だ。しかも、株式投資は、必ず期待通りのリターンが得られる訳ではない。当然ながら、マイナスになる可能性もある。

　非課税によって「確実」に節約出来るという確定拠出年金の威力は、金融の世界において、どれだけ「まれ」で「貴重」なものなのかが想像できよう。

〔第2のメリット〕
運用中の利益にかかる税金も「非課税」になる

　税金に関する2つ目のメリットは、確定拠出年金では、運用によって得た利益に対し、運用期間中、その全額が非課税となることだ。

　通常の運用では、運用で得た利益の20％が課税される。確定拠出年金は、老後に受け取るまでの運用期間が非常に長くなるため、順調にいくと、最終的に積み立てられた金額が1000万円を超えるような人も少なからずいるだろう。その元本から得られる運用益の20％なのだから、人により、運用結果により差があるとしても、その恩恵は大きい。

　正確には、将来年金を受け取る時に課税されるので、確実なメリットは「運用期間中に運用益に課税されずに、複利で資産運用が出来る」ということなのだが、直ぐ後に説明するように年金受け取り段階での課税にも優遇があるし、老後は所得が減

第1章 ● 確定拠出年金で、何がどれほど得になるのか　　021

って税率が下がっている場合が多いから、確定拠出年金を使って課税のタイミングを後に送ることの出来ることが有利な面もある。

運用益が非課税になることは、2014年から始まった**NISA（少額投資非課税制度）**に似ているが、NISAは年間120万円迄の投資額について、最大600万円迄の運用元本しか対象にならないし、今のところ5年と期限が限られ、また、5年経つ前に運用商品を売却した場合、その金額分が非課税優遇枠から外れるという融通の利かない不便な面がある。一方、詳しくは後で説明するが、確定拠出年金では、**スイッチング**と称する運用商品の入れ替えが可能だ。

もちろん、運用では利益が出ることが確約されている訳ではないが、それは、確定拠出年金での運用であっても、通常の運用であっても同じだ。確定拠出年金で損が出た場合の損益を、通常の運用と通算することは残念ながら出来ないが、利益が出たときに非課税となる確定拠出年金での運用は相当に有利だ。

〔第3のメリット〕
老後に受け取る時も、税金の控除がある

確定拠出年金では、年金を受け取る際にも税金控除がある。これが第3のメリットだ。年金に関わる控除は、公的年金全般を対象としており、もちろん確定拠出年金でもこの恩恵を受けられる。なお、ここで言う「公的年金」に含まれるものは、国

民年金や厚生年金、共済年金等であり、民間の個人年金保険等
は対象とならない。

　年金として受け取る場合は「**公的年金等控除**」（157㌻**図表
5-3**参照）、一時金として一度に受け取る場合は「**退職所得控
除**」（158㌻**図表5-4**参照）が適用され、それぞれ納める税金
の額を抑えることが出来る。

　どちらも、民間の保険会社が販売する個人年金保険等にはな
い、公的年金ならではの優遇制度だ。

Textbook of Defined Contribution Plan

税金以外の確定拠出年金の
メリット

確定拠出年金は、転職で不利にならない

　確定拠出年金には、主に他の年金制度と比べた場合、税制面以外でも嬉しいメリットがある。

　その一つが、転職した場合でも、自分の確定拠出年金の積立金を全額持ち運ぶことが出来る性質だ。これは、「ポータビリティ」と呼ばれているが、以前よりも転職が増えて、人材の流動性が増している今日、確定拠出年金の大きなアピールポイントになり得る。

　但し、転職先の企業に確定拠出年金がある場合、ない場合など、ケースによって、確定拠出年金の適切な持ち運び方は異なり、それぞれの場合に必要な手続がある。だが、本書では、この点についても説明しているので、安心して欲しい。

　確定拠出年金が転職で「不利にならない」ということは、裏を返すと、それ以外の年金（企業年金）には、「転職によって

不利になるものがある」ということだ。

　企業に勤める会社員は、勤め先に「企業年金」の制度があれば、その加入者となる。年金の説明でよく使われる「3階建て」部分であり、確定拠出年金の「**企業型**」（詳細は63ジ参照）も、この企業年金の一つだ。

　企業年金には、確定拠出年金以外にも「**確定給付年金**」、「**厚生年金基金**」等の種類がある。勤め先がこれらを導入している場合、退職すると、その企業年金からは脱退しなければならない。この場合、退職によって大きく不利になることが多いのだ。

　これは、もともと、こうした企業年金は、長く勤める程に有利となる仕組みになっているからで、日本の企業年金では、かなり極端な**長期勤続者優遇**が認められてきた。筆者は、この状況は何よりもアンフェアであり、人材の流動化を阻害する点で好ましくないと考えているが、こうした差別的な不自由がまだ存在するのが確定拠出年金以外の企業年金の現実だ。

　2005年の法改正により、「法律上」は、退職して企業年金を脱退しても、自分の年金資産を持ち運べることにはなっている（**ポータビリティ制度**）。しかし、転職先の会社の制度や年金基金で年金資産の受け入れを認めていないケースが多く、殆ど普及していないのが現実だ。

　その場合、これまでに積み立ててきた掛け金の一部を脱退一時金として受け取ることができたらいい方で、在籍期間によっては没収されて何も残らないというケースもある。事実、在籍期間が3年未満の場合は没収すると、予め定めている企業が多

第1章 ● 確定拠出年金で、何がどれほど得になるのか　025

い。

　脱退一時金にしても、これまでの掛け金やまして運用益部分を全額受け取ることが出来る訳ではなく、また老後の年金には一切反映されなくなってしまうなど、明らかに不利となることが多い。

　筆者は、過去に12回の転職をしているため、新入社員の頃から確定拠出年金があれば、老後がもっと安心だったかもしれないと思う。今の若手会社員は恵まれている。確定拠出年金を大いに利用するといい。

　確定拠出年金では、こうした「不利」を、相当程度避けることが可能だ。

　先ず、確定拠出年金は、退職した後も年金を持ち運ぶことが出来る。転職先に確定拠出年金制度があれば、引き続き掛け金を拠出し、「加入者」として運用を続けることが出来る。これが、確定「給付」年金の場合、A社を退職してB社に転職し、両企業共に確定給付年金を採用していたとしても、いったんA社の企業年金は脱退しなければならないし、B社が年金資産の受け入れを認めていなければ、持ち運ぶことが出来ないのだ。

　また、転職先に確定拠出年金制度がない場合でも、「個人型」の確定拠出年金に加入するか、或いは、追加で拠出することは出来ないが、既に払い込んだ掛け金の範囲で運用を続ける**「運用指図者」**になるか、そのどちらかとなり、原則として引き続き年金資産の運用を続けることが出来る。詳しくは、第5章（172ページ以降）を読んでみて欲しい。

026

どちらにしても、脱退して拠出をまた一からやり直すような羽目になることはない。これまでに拠出した金額は、引き続き自分の年金の積立金として持ち運び、運用することが出来る。

　ここが、確定拠出年金と、その他の企業年金との大きな違いだ。

　なお、確定拠出年金でも、3年未満の離職では企業の拠出分のみ没収することが法的には可能だ。但し、その場合でも運用中に増えた運用益と個人が拠出した掛け金は全額守られるため、その分の年金資産を次の環境に持ち運ぶことは出来る。

　今後、新卒で入った企業に定年まで居続けることの出来る人は、少数派となっていくだろう。本書の読者にも、既に転職経験者や、転退職によって泣く泣く年金資産を手放したことのある人は少なくないのではないか。

　確定拠出年金は、これまで「転退職で損」をしてきた人が、これからは損をせずに済むという意味で、人生にとって有意義な制度だ。人によっては、税制優遇による節税額に匹敵する経済的効果を得る場合があるだろう。

確定拠出年金は、将来の年金額が企業の都合に左右されない

　次に、確定拠出年金の特徴の一つとして、他の企業年金と異なり、掛け金を個人単位の口座で管理している点を取り上げたい。このことはもう一つ、重要な意味を持つ。

第1章 ● 確定拠出年金で、何がどれほど得になるのか　027

それは、「企業の都合や業績に、年金額が影響を受けない」ということだ。

勤めている、又は過去に勤めていた企業が倒産したり、業績が悪化したりした場合でも、確定拠出年金はその全額が保護され、年金として貰う金額が後から引き下げられることはない。

しかし、他の企業年金では、こうはいかない場合がある。過去の例として、JAL（日本航空）が破綻した時は、現役社員で給付額の5割、既に退職したOBで3割にあたる企業年金額が減額された。これは、「日本の確定給付年金は、実は『不』確定給付年金なのではないか」と疑問を呈したくなるような、かなり無理筋な話なのだが、日本の企業年金の世界では、約束が後から修正されることが時々ある。また、企業年金の一種である厚生年金基金などで、資産運用に失敗して年金支給額が減額されたケースもある。

一方、確定拠出年金の場合は、個人の年金資産残高がはっきりしていて、事後的な削減対象になりにくい。厚生労働省は嫌がるかもしれないが、確定拠出年金の方が年金受給権の保護に優れている点は、もっと声高に宣伝されてもいいのではないか。

年金積立金が把握出来ることも「いい事」だ

また、自分の年金資産の運用状況を1円単位で把握出来ることも、「いい事だ」と言えるだろう。2012年に発覚したAIJ投資顧問による年金消失事件のように、気づいたときには年金基

金の運用資産が6％しか残っていなかった、等といった状況の心配をしなくて済む（このときは、全国の84の厚生年金基金が影響を受けた）。自分の年金が、どんな金融商品で運用されていて、先月時点での時価が幾らで、といったことを簡単に知ることが出来るのも、確定拠出年金ならではの安心感だ。

運用商品で有利なラインナップがあることも

確定拠出年金では、勤め先の企業（企業型の場合）、又は個人（個人型の場合）の選んだ金融機関が用意したラインナップから、加入者自身が運用商品を選んで運用する。

金融機関によって選べる運用商品の数も種類も、「得する度合い」までも異なるため、確定拠出年金を運営する金融機関（**運営管理機関**と呼ぶ）の選び方は重要なポイントである（具体的な方法については、75ジ以降で説明する）。

実は、この運営管理機関が確定拠出年金向けに提供する運用商品の中に、一般に個人向けに販売されている運用商品よりも手数料の安いものが用意されている場合がある。具体的には、外国株式のインデックス・ファンド（100ジ）に多く見られる。

この手数料は**運用管理手数料**（又は信託報酬）と呼ばれ、運用している期間中、継続して払い続けるコストなので、運用結果に与える影響が大きい。仮に運用資金が1000万円だとすると、手数料1％の差は、1年に10万円もの差となって表れる。侮ってはいけない。

第1章 ● 確定拠出年金で、何がどれほど得になるのか　**029**

この手数料が、確定拠出年金で採用されている外国株式のインデックス・ファンドでは、一般向けの商品と比べて、0.1〜0.5%（税抜）くらい低くなっていることがある。

　運用期間の長さと運用資産の大きさを考えると、これを十分に利用することで、最終的に生じる差は決して無視出来ない。

　もちろん、この有り難いメリットを享受出来るのは、あくまで自分の運営管理機関が提供するラインナップに、こうした有利な商品がある場合であり、自分で運営管理機関を選べる「個人型」の確定拠出年金はともかく、勤め先の選んだ運営管理機関を利用するしかない「企業型」の加入者は、先ずは、自分が選ぶことの出来る運用商品のラインナップにどのような商品があるかが問題だ。

Textbook of Defined Contribution Plan

導入企業にとっても
有利な制度

　さて、ここまで紹介してきた「確定拠出年金を始めるといい事」の最後に、「確定拠出年金は導入企業にとっても有利なのか」についても簡単に触れておきたい。確定拠出年金は、導入企業にとっても有利な制度なのだ。

　導入企業の立場から見ると、次の4つのポイントがある。

人件費（社会保障費）の軽減

　企業が確定拠出年金を導入した場合、その掛け金は全額企業が負担する（企業の規約によっては、上乗せする形で従業員が追加拠出することも可能だ）。

　そして企業は、拠出した掛け金を全額、「損金」に算入することが出来る。さて、個人の場合は、確定拠出年金の掛け金の分だけ課税所得が圧縮されて、所得税・住民税などの負担を軽くすることができたが、企業の側では支払う社会保険料を計算する根拠になる報酬額を減額することが出来るので、人件費の

第1章 ● 確定拠出年金で、何がどれほど得になるのか　031

負担を軽減することが出来る。計算は省略するが、この値は決して小さくはない。

これが、導入企業が得ることになる、最も直接的な恩恵だろう。

年金運用のリスクからの解放

確定給付型の企業年金の場合、制度設計によって差はあるが、大なり小なり企業が年金積立金の運用に関して責任を持つことになる。実は、特にバブル崩壊後で運用環境が厳しかった1990年代、2000年代にかけて、多くの企業が、自社の抱える企業年金の運用で大きな損を出し、この処理が大変重い負担になった。

確定拠出年金の初期の導入企業は、確定給付年金の運用リスクを嫌って、確定給付年金を閉鎖ないしは縮小して、確定拠出年金に企業年金の重心を移した会社だった。

その分、運用の責任と負担は個々の加入者のものになったのだが、そもそも企業の負担になるのでは、確定給付年金の制度と条件を維持出来ても、ボーナスや給料が圧迫され、特に若い世代の社員の実質的な負担が重くなってしまう。

加えて、多くの企業は資産運用を専門としている訳ではないし、年金基金など企業側の年金担当者も、率直に言って運用に強いとはとても言えない、運用会社側から見て、「いいお客さん」(注:ニュアンスを汲み取って下さい)である場合が多い。

企業年金は確定拠出年金の方がサッパリしていていい、と現在の筆者は結論している。世界的にも確定拠出年金中心が企業年金のトレンドだ。

　確かに、自分のお金を運用するには、少々の手間と心理的なプレッシャーがあるかもしれないが、正しい考え方を理解すれば、確定拠出年金の運用自体は難しいものではない。もちろん、本書では、具体的な方法を丁寧にご説明する。

よい人材を集める材料となる

　就職・転職をするときに、よりよい条件の求人に応募したいと考えるのは当然だ。仮に、同じような業務内容と給与水準の求人が複数あった場合、福利厚生や社会保険の有無等、その他の条件で比べることになるだろう。そして、「社保完（社会保険完備）」等のように、今後は「確定拠出年金導入済」という項目が、優秀な人材を集めるアドバンテージの一つとなり得るだろう。

　確定拠出年金の加入者数は、政府の後押しもあって確実に増えていくはずだ。そうして増えた確定拠出年金の加入者が、就職・転職をする場合は、やはり確定拠出年金を導入している企業に転職するのが有利だ。中途採用にあっては、確定拠出年金の有無が重要なポイントになる可能性がある。

今後、中小企業を対象とした制度改正が予定されている

　2017年1月1日より施行される法改正により、今後、中小企業を対象とした「**簡易型確定拠出年金制度**」や「**個人型確定拠出年金への小規模事業主掛金納付制度**」が創設される。

　具体的には、企業の管理コストを下げ、導入に必要な書類を簡素化し、金融機関に事務処理を委託出来るようにする（簡易型確定拠出年金制度）。また、企業として確定拠出年金を導入出来ない場合でも、個人型の確定拠出年金に加入している従業員に対し、事業主が追加で掛け金拠出を可能とする（個人型確定拠出年金への小規模事業主掛金納付制度）。

　こうした制度拡充により、これまで確定拠出年金の導入をためらっていた中小企業にとって、今後は、いっそう利用し易い環境になっていくことだろう。もちろん、この事によっても、確定拠出年金の利用者は増えることになるだろう。

第2章

なぜ今、確定拠出年金が話題なのか

～政府の思惑、企業の本音～

Textbook of Defined Contribution Plan

● 第2章のポイント

政府・企業・金融機関の
思惑を知って利用しよう

　ここ数年、確定拠出年金を採用する企業が増加している。また、**改正法（確定拠出年金法等の一部を改正する法律）**が2016年5月24日に成立する等、近年、確定拠出年金を巡る話題が増えている。

　ところで、確定拠出年金の制度そのものは2001年に始まった。本書執筆時点で既に十数年が経過している。それにも関わらず「今」、また話題となるのは何故なのか。加入者から見ると、確定拠出年金が持つ複数の税制上の優遇制度は歓迎すべきものだが、政府や、掛け金を負担すべき立場である企業までもが、進んで確定拠出年金を導入しようとしているように見える最近の動きについては、その思惑や背景を考えてみたくなる。

　第2章では、確定拠出年金を始める前に一度原点に返って、なぜ今、「確定拠出年金」が注目されるのか、について考えておきたい。

　「年金」とはそもそも何のためにあるのかという意義や、年金制度全体の概要についても簡単に触れておこう。全体が分かった方が、見通しが良くなるし、本章後半に紹介するような老

後不安につけ込んだ怪しいセールスに惑わされる心配もなくなるはずだ。
　端的に言って、公的年金は破綻こそしないものの、それだけで老後の生活を賄うには頼りないものになる。自助努力のための制度は用意したから、あとは個人個人が自分の老後に備えなさいというのが、確定拠出年金拡充に込めた政府のメッセージだ。
　また、確定拠出年金は金融機関にとっては「ビジネス」だ。加入者は、彼らの思惑も知っておきたい。

Textbook of Defined Contribution Plan

年金とは何か

　あらためて、「年金」とは何か。

　この問いに、多くの人が先ず思い浮かべるのは、「長生きへの経済的な備え」だろう。もちろん、これは正しい。日本人の平均寿命は延び続けている。かつて多くの人が想像した以上に「長生き」に対する経済的な備えは必要だ。

　長生きへの備えには、普通の人に必要な老後に備えたお金の準備と、相対的に少数の超長寿者の生活コストへの備えの2つがあり、年金は両者を担う。後者に対しては、保険の仕組みを使って対応することになる。国民年金の老齢年金給付のように、終身支払われるような保険が典型的だ。

　現在の年金制度は、公的年金・私的年金共に前者に対応する貯蓄・運用の機能と、後者の保険機能の一方ないしは、両方を持っている。

　制度としての年金の意義には、もう一つ、「税制的に優遇された貯蓄と資産運用」という面がある。確定拠出年金の加入者にとっては、こちらの役割が大きいだろう。現在、日本では、

「長生きへの経済的な備え」を担うのは、もっぱら公的年金の役割だ。

公的年金と私的年金

年金には、大まかに「公的年金」と、企業年金、或いは個人（単位の）年金がいわば「私的年金」として存在する。このうち、日本における公的年金は、国内に住所のある全ての人に加入が義務づけられており、あたかも身分制度のように、本人の勤務形態によって所属する年金制度が異なる。自営業者は国民年金に、民間の会社員と公務員は厚生年金に、それぞれ加入するというのが基本的な制度区分だ。

ちなみに、これまで公務員は共済年金の加入者であったが、2015年10月以降、制度改正による「年金一元化」により厚生年金に加入することになった。公務員は、民間の会社員と同条件の厚生年金に加入する一方で、かつての職域加算の新たな代替物である通称「新三階」と呼ばれる共済組合によって運営される年金制度（今のところ金額的にはそう大きくない）を持つ。更に、これまで不可能だった、個人型確定拠出年金の利用が、法改正によって今後は可能になったのは大きな変化だ。

民間の会社員の場合、厚生年金だけでなく、企業が用意した年金制度が付加されている場合がある。この企業年金のうちの一つが、「企業型」の確定拠出年金だ。そして、自営業者や、勤め先に企業年金が一つもない会社員等に対しては、「個人

型」の確定拠出年金が、その受け皿として、公的年金の上乗せ部分を担う。

企業型であれ個人型であれ、確定拠出年金は「税制的に優遇された貯蓄と資産運用」であり、節税が可能な資産運用手段の一つだ。大半の人にとって、老後への経済的備えは必要だ。そして、老後に備えるのなら、税制優遇のある手段を選び、且つ優遇措置を最大限に利用するのが得策だ。同様の内容の運用を行うとすれば、節税が可能な運用とそうでない運用の優劣は明らかであり、第1章でもご説明したように、確定拠出年金は、制度として利用出来る枠組みが存在する以上、これを使わないのは「もったいない」と理解しておいていい。

公的年金は破綻するのか?

将来の不安は、どの業界にあっても有力な「商材」だ。「老後不安」は、中でも利用のし甲斐がある大型の商材だと言っていい。殆どの人にとって、老後の事は、実感を伴って心配であり、「心配無い」といえる根拠を提示することが難しい。

不安につけこむマーケティングのパターンは決まっている。「将来、あなたには、こんなに恐ろしい事が起こる（だろう）」と不安を煽っておいて、その解決策になるかのようにモノやサービスを売りつける。不安と安心を提示された人の多くが、内容を確かめずに、「見かけ上の安心」に食いつく。

「あなたの食生活では血液がドロドロになって病気になるだ

ろう。だが、この健康食品を摂取すると血液がサラサラにな
る」、或いは「あなたには悪い霊が憑いている。だが、この霊
感の壺を買えば、悪い霊は去っていきます」などと訴えるよう
な方法がよくある基本的なパターンだ。

「公的年金は将来破綻する」というメッセージは、老後不安
に直結し易い。そして、年金の仕組みを正確に知っている人は
少ない。顧客側が漠然と抱く官僚や政治家への不信に共鳴し易
い点でも、このメッセージは金融商品の売り手側にとっては好
都合だ。

そして、例えば、大いに不安を喚起しておいてから、「この
個人年金保険に入って老後に備えましょう」といった調子で商
品の売り込みがなされる。

民間の生命保険会社が提供する**「個人年金保険」**には、様々
なタイプのものがあるが、普通の契約者にとって得な商品は一
つもない。保険会社の経費の部分が不透明で、運用の手数料が
どれほどなのか契約者に分かりづらいものが殆どだし、しかも
入り口は手数料ゼロのように見えて、いったん中に入ると保険
関係の費用や保険の中で投資するファンドへの運用管理手数料
が別途加わり、且つ解約しようとすると高額の解約控除を取ら
れるものもある。

元本が保証ないし確保されていると称する商品でも、保険会
社の信用度合いや（長期間の契約なので、倒産リスクがある）、
資金の流動性に（短期間で、ペナルティや費用無く解約出来る
か等）少なからず問題のある商品が多いし、変額保険タイプの

第2章 ● なぜ今、確定拠出年金が話題なのか　～政府の思惑、企業の本音～　**041**

ものについては、運用商品として一言で言うなら「投資信託に劣る投資信託」である。

民間生保の個人年金保険は、老後不安の効率の良い解決策にならないし、避けた方がいい商品ばかりだ。近づかない方がいい。既に契約してしまった場合は、おっくうがらずになるべく早く解約するのが大半の場合、正解である。

個人年金保険以外にも、金投資（本当は「投資」ではなく「投機」だが）、海外不動産投資、銀行や証券会社の対面窓口で売られている投資信託の大半など、避けた方がいい運用商品が数多あるが、これらの多くが、公的年金の不安を煽った上での「老後不安」とセットで売られている。

使いでは減るが、ゼロにはならない公的年金

さて、結論から言うと、公的年金は破綻しないだろう。より正確には、将来、今より「使いで」は随分減るとしても、ゼロにはならずに、無視出来ない大きさの支給額が残るだろう。

日本の公的年金は**「賦課方式」**を採用しており、自分が納めた保険料は、将来の自分ではなく、現在の「自分以外」の受給権者が受け取る仕組みになっている。

つまり、受給者が受け取る年金の大部分は、その時々の現役世代が納めた保険料から支払われているのだ。極端な話、積立金が無くなっても、保険料を納める現役世代がゼロにならない限り破綻はしない。

042

「積み立て方式」の年金であれば、積立金の枯渇は破綻を意味する。また、積立金の枯渇というと、企業のように倒産して、ある時からポッキリ折れるように制度が無くなるイメージを持つかもしれないが、日本の公的年金は、そうはなっていない。

もちろん、ある程度の減額は覚悟しておく必要がある。

2014年に厚生労働省が行った公的年金の財政検証は、経済環境の変化による複数のケースを想定して将来の年金給付額を推定しているが、最も悲観的なケースでは、積立金が枯渇し、その場合に受け取ることが出来る年金額は、現役世代の所得の約39％程度迄少なくなるという計算だ（現在は約60％）。つまり、現在の3分の2くらいの「使いで」になる。

同じ厚生労働省の試算によると、今の現役世代が高齢を迎えた時の年金の「実質的な使いで」は、「上手くいっても2割減」、「悪い場合でも3～4割減」くらいになると推測される。

公的年金制度が将来に向かって「厳しい財政状態」にあることは事実であり、現在、年金を受け取っている世代と同等程度の年金の「使いで」は、この本の読者が年金を受け取る頃には無い公算が大きい。だが、公的年金が無くなる訳ではないことに注意されたい。

大雑把にいって、現在30代の読者の親世代が毎月20万円程度の厚生年金を貰っているとすると、読者が年金を受け取る頃に、やや悲観的に見て現在の貨幣価値で12、3万円程度は残っているということだ。不満ではあるかもしれないが、無年金とは異なる。

第2章 ● なぜ今、確定拠出年金が話題なのか ～政府の思惑、企業の本音～　043

公的年金からの離脱は「たぶん損」だ

　公的年金の世代間の有利不利が大きいのは事実だ。少なくと
も、年金制度だけを見る限り、この格差の納得性は乏しい。世
代間の条件差を早く調整するために、現在の受給者を含めて早
く公的年金の支給額を下げるべきだと筆者は思う（支給開始年
齢の引き上げを併用すべきだ）。

　もっとも、世代間の不公平は年金だけでなく、税金とその他
の各種社会保障も含めて考える必要があり、判断のための要素
が多い複雑な問題だ。

　だが、「自分たちの世代はどうせ公的年金は払い損なので、
関わらない方がいい」のかというと、そうではない。将来ある
程度の所得を見込むことが出来る人は、公的年金に加入して保
険料を払う方が得になる場合が多いだろう。

　その理由は2つある。

　先ず、年金のいわゆる1階部分となる基礎年金の財源は、そ
の半分を国が税金から負担している。例えば国民年金から離脱
すると、自分は税金を払うものの、税金から半分負担している
国民年金の支給を一切受けられないという点で損になる。また、
年金保険料は所得から所得税等の課税前に差し引かれて（所得
控除）、将来の年金給付の権利を確保するために使われるのだ
が、後者の分の税制上のメリットが受けられない。

　加えて、公的年金に加入していない、或いは、一部又は全額

免除を受けている人は、本書で紹介する確定拠出年金を利用することが、制度上認められていないのだ。老後は生活保護でいいと本気で割り切る人には説得の言葉がないが、仕事があって、そこそこの所得が見込まれる人は、公的年金に加入する方が得策だ。世代的に「もともと損」であることに立腹して、「更に損！」な状態に陥るのは、賢明ではない。

　ちなみに、現在、公的年金の保険料は、税金とは別に徴収されているが、これは有害無益で効率の悪い行政のあり方だと筆者は考えている。マイナンバーの導入・普及などをきっかけに、この問題が改善することを期待したい。

Textbook of Defined Contribution Plan

確定拠出年金制度の仕組み

　さて、ここまで、確定拠出年金の他に幾つか企業年金の名前が出てきた。全ての年金について逐一説明するのはこの本の趣旨ではないので、ここでは、確定拠出年金が他の年金と比べて、どこがどのように違うのかをご説明したい。

他の企業年金と何が違うのか

　第1章に出てきた確定給付企業年金も厚生年金基金も、「確定給付型」に分類される。その名が示す通り、確定拠出年金と確定給付型の年金とでは、何が「確定」しているのかが異なる。

　確定給付企業年金や厚生年金基金では、「給付」が一定の条件の下で計算されて予め確定しており、将来受け取る年金の額が、企業（ないし厚生年金基金）によって保証される。企業が拠出する掛け金の額は、予定されている運用利回りに基づいて逆算される形で決まるが、運用実績がこの利回りに達しない場合、企業は追加的に掛け金を負担しなければならない。運用の

046

リスクを制度の運営主体が持つのが確定給付型の年金だ。

一方、確定拠出年金では、掛け金、即ち「拠出」の方だけが確定している。通常は毎月単位で拠出する金額が一定である代わりに、将来受け取る額は運用実績によって変動する。

どちらの年金であっても、将来受け取る「給付」は、「拠出」と、それを運用した「運用益」によって賄われる。

もう一つ、確定拠出年金の大きな特徴として、加入者自らが運用内容を選択出来ることがある。その代わり、運用のリスクを自分で負担しなければならない。

確定給付企業年金や厚生年金基金では、拠出したお金は企業側の責任でまとめて運用し、個人が自分の年金資産について、運用の中身を把握することが出来ない（実際の運用は、委託を受けた金融機関が行う）。運用のリスクは企業が負い、積立金が不足した場合は企業が補填することになる。企業にとっては、このリスク負担が経営的に大きな問題になる。

一方、確定拠出年金では、加入者である従業員自らが運用を行う。運用リスクも加入者が負い、同じ金額を同じ期間拠出した社員同士でも、将来受け取る年金の額に差が出ることになる。企業は予め決まった額を拠出すればよく、年金資産の運用悪化によって会社が傾く心配をしなくてよい。

なお、年金の掛け金は、形式的には企業と個人が半々で拠出する形を取ることが多いが、出所は企業であり、トータルの人件費の中でコストを名目上分けて負担しているに過ぎない。一方、社員の側から見ると、負担の名目は別として掛け金は自分

第2章 ● なぜ今、確定拠出年金が話題なのか　～政府の思惑、企業の本音～　047

が貰えたはずの自分の収入だ。

　運用リスクを企業が持つのがいいか、年金加入者本人が持つのがいいか。おそらく、アンケートを採ると、確定給付型の年金制度の方がいいと言う人が多いのではないかと筆者は推測する。

　しかし、確定給付型の企業年金の運用リスクが企業にとって負担となり、企業業績を圧迫すると、それが従業員の給料やボーナスに跳ね返ってくる。企業年金の条件にだけ固執して、企業自体が立ちゆかなくなるのでは、元も子もない。

　確定給付型の年金で、企業が運用リスクを負うということは、そこで働く従業員も、企業を通してリスクを負うことになる。

　確定拠出年金は、企業に過大な負担を押しつけるのではなく、加入者が自分で自分の老後に備える点で、無理の少ない制度だといえる。

「企業型」と「個人型」の確定拠出年金

　確定拠出年金の制度について簡単に概要を述べよう。

　先ず、加入出来る年齢は60歳未満迄（企業型は、条件を満たせば最高65歳未満迄）であり、年金としての性格上、原則として60歳になる迄自分の年金を受け取ることは出来ない。例外として、加入期間があまりに短い、或いは年金資産が極めて少ない場合に限り、60歳になる前であっても「**脱退一時金**」を請求することが出来る（194ジ参照）。但し、この制度を利

図表2-1 ● 現行制度での加入対象者と拠出限度額

	勤務先の年金状況	年間拠出限度額 （月額）
企業型	国民年金第2号被保険者（いわゆる民間サラリーマン）で、確定拠出年金のみ。他の企業年金**なし**	66万円 （5万5000円）
企業型	国民年金第2号被保険者で、確定拠出年金以外に、企業年金**あり**	33万円 （2万7500円）
個人型	国民年金第2号被保険者で、企業型確定拠出年金**なし**。他の企業年金**なし**	27万6000円 （2万3000円）
個人型	自営業者、無職等、国民年金第1号被保険者	81万6000円 （6万8000円）※

※国民年金基金の掛け金と合算した限度額

用するには、細かい条件を全て満たす必要があり、法改正後は更にその条件は狭くなる。そして、言わば年金の途中解約をすることになるため、受け取った脱退一時金には税優遇措置がなく課税されることに注意してもらいたい。この他に、加入者が事故又は病気により法令で定める程度の障害の状態になった場合には「**障害給付金**」が、死亡した場合には遺族に対して「**死亡一時金**」が支払われる。

　そして、確定拠出年金には「**企業型**」と「**個人型**」の2種類がある。加入者の属性により、どちらのタイプにどの程度の金額で加入出来るのかが決まる（**図表2-1**参照）。

ここまで企業年金との比較で説明してきたのは、「企業型」の確定拠出年金だ。

　企業型では、勤め先が企業型の確定拠出年金を導入している場合、社員は、原則として強制的に加入者となる。勤め先が、確定拠出年金の他に企業年金（確定給付型企業年金や厚生年金基金）も併せて導入している場合、月々の**拠出限度額**は2万7500円迄、他に企業年金がない場合は月々5万5000円迄の掛け金を拠出出来る。

　一方、個人型の確定拠出年金に加入出来るのは、会社員であっても勤め先に企業年金が何も用意されていない人か、自営業者などの国民年金の1号被保険者だ。会社員の拠出限度額は月2万3000円、第1号被保険者は最大で月6万8000円迄拠出することが出来る。

　また、現行制度では加入対象外となる公務員や国民年金3号被保険者（いわゆるサラリーマン家庭の専業主婦）、勤め先が確定拠出年金以外の企業年金のみを導入している会社員等も、法改正によって確定拠出年金を利用出来るようになり、国内に居住している20歳以上60歳未満のほぼ全ての人が、利用出来るようになる（**図表2-2**）。

　企業型と個人型の大きな違いとしては、この拠出限度額以外に「運営管理機関の選択の自由」がある。

　個人型の場合、「確定拠出年金を始めよう！」と思い立った

図表2-2 ● 改正法により、新たに加入対象となる人

	勤務先の年金状況	年間拠出限度額
個人型	企業型確定拠出年金**あり**。他の企業年金**なし**	24万円（月額2万円）
	企業型確定拠出年金**あり**。他の企業年金**あり**	14万4000円（月額1万2000円）
	企業型確定拠出年金**なし**。他の企業年金**あり**	
	公務員	
	専業主婦など、国民年金第3号被保険者	27万6000円（月額2万3000円）

※2018年1月1日以降の拠出限度額の設定は、年単位のみとなる

ら、先ず、運営管理機関と呼ばれる金融機関の選択から始める（詳しくは第3章）。**運営管理機関**によって、扱う商品も手数料も異なるため、これを賢く選べるかどうかで、今後の運用益が毎年万円単位で変わってくる。この運営管理機関の選択は、確定拠出年金利用の大きなポイントになると言ってよいだろう。

　一方、企業型の確定拠出年金加入者には、この部分での選択の自由は、残念ながらほぼない。

　企業型の場合、勤め先の企業が選定した金融機関が、自動的に今後退職するまで付き合っていく運営管理機関になる。この金融機関が提供するラインナップに優れた運用商品がない場合

でも、その中から選択する以外の方法がないのが現状であり、この点は何とか改善して欲しいものだと筆者は考えている。

企業の財務マンの立場を考えると、自社の運営管理機関を選ぶに際して、メインバンクや主幹事証券との取引関係を良くするために、それらの金融機関の系列の運営管理機関と契約し、同じく系列の運用会社の商品を確定拠出年金のメニューに並べるのは有力な選択肢だ。金融機関との取引材料として、言わば、従業員の年金を「売る」訳だが、現実に起こりうる状況なので注意したい。明らかに確定拠出年金に不向きな運用商品が並んでいたり、運用手数料についても、低いとは到底言えない率が設定されていたりするので、確定拠出年金のメリットを十分に活かせない内容になっている企業が多々見受けられる。

財務部が社員を売るほど悪くなくとも、確定拠出年金の導入を担当する部署が制度や運用をよく理解せずに、金融機関に「丸投げ」した場合にもこのようなことが起こる。

企業型の確定拠出年金にあっては、従業員に投資・運用に関する教育を提供するよう努めなければならないことになっているが、「丸投げ」型の会社の場合、この**投資教育**が金融機関にとって都合の良い商品のセールスの場になってしまう。

それでは、企業型しか選べない会社員で、勤め先にダメな確定拠出年金が導入されている場合にはどうしたらいいのか。

良い運用商品を選べないとしても、確定拠出年金を利用することによる所得控除のメリットは絶大なので、利用出来る枠は最大限に利用し、より「マシ」な商品（運用商品の評価方法は、

本書で詳しくご説明する）を選ぶことになる。

　加えて、運用商品のラインナップは後から変えることが出来るので、会社に要望して改善して貰おう。また、投資教育の機会に、金融機関の系列会社から派遣される講師（実態はセールスマンだ。俗に言う「タダほど高いものはない」というのは、こういう状況を指す）ではなく、客観的な立場で運用を語ることが出来る外部講師を頼むように働きかけよう。そもそも、確定拠出年金の担当者自身が運用をよく分かっていないケースがよくあるので、ビジネス上のしがらみがない専門家の話を聞くことが有益だ。

　何はともあれ、運営管理機関が提供する運用商品の中から、どれを選ぶかの選択権は、加入者が持っている。金融機関の手数料稼ぎ用の商品ばかりが並んだラインナップの中からでも、相対的にベストのものを選びたい。

　確定拠出年金の制度は未だ流動的であり、法改正の可能性は今後も十分に考えられる。今後改善される可能性がある以上、諦めずに関心を持ち続けて欲しい。

　個人的な意見を言うなら、現在の企業型と個人型とを分ける確定拠出年金の制度は、建て付けが良くない。理想的には、全国民が共通に利用出来るような形で、「個人型」に集約すべきだろう。勤め先の採用する年金制度によって拠出限度額が異なる、選べる運用商品も手数料も異なる等、企業を主たる単位にして企業毎に異なる制度を作る必要はない。個人単位で、自営業者だけでなく、民間の会社員や公務員も平等に入ることが出

来るような、「個人型確定拠出年金」を発展させたオープンで平等な条件の制度が好ましいと筆者は考えている。

確定拠出年金を取り巻く経済的環境の変化

確定拠出年金を導入することが企業にとっても十分にメリットがあることは、第1章で説明した。従業員の立場から言えば、年金「だけ」を考えるなら、企業側で運用リスクを負って将来の支払いを約束してくれる確定給付型の年金の方が有り難いかもしれない。それは、一面では正解と言えるかもしれないが、近年の低金利をはじめとする困難な運用環境の中で、確定給付年金の仕組みはもはや、企業業績を圧迫し存続すら危うくしかねない存在となりつつある。そもそも、大多数の会社は資産運用を本業としている訳ではなく、運用は「専門外」なのだ。

また、これまで特に日本の企業年金には、長期勤続を奨励し従業員と企業の関係を固定化させる役割があったが、近年、企業にとって人材の流動性がより重要になってきた。長期間勤続しないとメリットが得られない制度は従業員にとってアンフェアな面がある。

確定給付型の企業年金は、企業の経営的な必然性から考えて、縮小・廃止の方向に向かうのが妥当だろう。

加えて、厚生労働省は、厚生年金基金制度を将来的に廃止する方針を決定している。ピーク時には全国に1800以上あったが、経済的に余力のある大企業の基金を中心に代行返上や解散

が相次ぎ、今や基金の数は245まで減っており（2016年4月1日時点）、残っているのは主に、解散等に掛かる損失処理の負担に母体企業が耐えられないことで、やむを得ず残った基金が多い。

　確定給付型の年金から確定拠出年金へという企業年金のトレンドは、当面、加速することはあっても、逆行することはないだろう。

税制優遇拡大の背景

　2014年には、NISAという制度がスタートした。続けて、確定拠出年金制度の適用拡充が検討されている。

　また、NISAは2016年分から非課税枠が拡大され年間100万円から120万円になり、新しく「**ジュニアNISA**」という制度が追加された（子供1人あたり年間80万円迄利用可能）。更に、確定拠出年金の専業主婦や公務員への適用拡大など、政府は、個人が自己責任の下で非課税で運用出来るような仕組みを、矢継ぎ早に創設・検討している。

　これらは、それなりに歓迎出来ることだが、一方で「公的年金は将来、これで老後の生活を賄うには不十分なものになる」という政府からの間接的なメッセージではないだろうか。同時に、「行政は、必要のある人は自助努力で老後に備えられる仕組みを拡充してきた」という言い訳が将来出来るように手を打っているようにも見える。

第2章 ◉ なぜ今、確定拠出年金が話題なのか 〜政府の思惑、企業の本音〜　　055

加えて、第二次安倍政権が看板とする「アベノミクス」にあって、経済政策の一環として株式の買い手を増やしたいという意図もあるように思われる。金融緩和政策を拡充してデフレ脱却を目指すことは正しい政策だが、公的年金なり、個人なりの資金を導入して、株価を「買い支える」つもりがあるとすれば、これはあまり感心しない。

　とはいえ、個人の立場としては、利用出来る制度は自分の必要に応じて十分に利用することが適切だ。但し、各種の政策の裏にある、政府の思惑にも気を回しておきたい。

第3章

確定拠出年金の始め方

Textbook of Defined Contribution Plan

● 第3章のポイント

企業型では利用法に
個人型では運営管理機関選びに
気を付けよう

　いよいよ確定拠出年金を始めてみよう。

　確定拠出年金には、「企業型」と「個人型」の2種類があり、始めてしまうと利用の要領に大きな違いはないのだが、加入する際の手続は両制度で大きく異なる。また、併せて、企業型における**マッチング拠出**など、両タイプの固有の制度についても第3章でまとめておきたい。

　企業型の場合は、勤め先の企業が用意した制度を利用する以外の選択肢がないし、手続の多くを企業側が済ませてくれる。加入者が行うべきことは、利用金額の設定や運用商品の選択などに限られる。

　但し、企業型の場合、企業によって運用商品のラインナップに大きな差があるし、加入の際の教育として、或いは継続教育として提供される投資教育の中身が信用出来ない場合がある。勤務先の商品ラインナップや投資教育をどう評価したらいいのかについて知った上で、確定拠出年金を利用したい。

　個人型の場合、多くの手続を自分で行わなければならないこ

とに加えて、自分が利用する運営管理機関の選択を行わなければならない。これらの点の煩雑さが、個人型確定拠出年金の利用を妨げている面があるが、何度も申し上げているように確定拠出年金は有利な制度なので、これを使わないのはもったいない。本章では、この手続のやり方と、運営管理機関の選択方法を説明する。

　運営管理機関は、途中で変えることが不可能ではないが、手続が面倒であり、費用も掛かるので、できれば最初から満足のいく運営管理機関を選ぶようにしたい。

Textbook of Defined Contribution Plan

加入から給付までの流れ
〜企業型・個人型共通〜

加入

　確定拠出年金に加入するには、**運営管理機関**に申込手続をするところから始まる（62☞**図表3-1**参照）。「企業型」では、事業主が運営管理機関を選び、事業主主導で従業員の加入手続を行うので、運営管理機関についてはそもそも迷う余地がない。

　一方、「個人型」では、運営管理機関を選び必要な書類を揃えて申込をするところまで、全て自分で行わなければならない。

　また、どちらの場合でも、加入手続の際に、毎月の拠出金額とその配分指定（どの運用商品をどの割合で運用するのか）を併せて提出させる運営管理機関が殆どだ。実際には、手続の前に自分の「運用の中身」を決めておく必要がある。

運用

　当初の配分指定のまま給付を申請する時まで放置することも可能ではあるが、運用内容を見直したい場合があるだろう。

　確定拠出年金は、途中で引き出すことこそ出来ないが、インターネット上でいつでも、自分の年金資産の運用状況を確認出来る。また、運用内容は、運営管理機関によって回数や頻度に制限はあるが、途中で変更することが可能だ。紙の運用報告書も、年に1、2回程度送られてくる場合がある。

　運用内容の変更方法には、新たに買い付ける商品の比率を変更する「**配分変更**」と、既に積み立てた年金資産を売買して中身を変更する「**スイッチング**」の2種類がある（第5章参照）。

給付

　確定拠出年金の給付には、**老齢給付金・障害給付金・死亡一時金**の3種類がある。給付の条件や賢い受け取り方等は、第5章で徹底的に説明しているので、その時には参考にして欲しい。

　老齢給付金と障害給付金は、基本的に有期年金として受け取るが、年金規約に規定があれば、**終身年金**や**一時金**、或いは一時金との併給を選択することが出来る。

　また、死亡一時金は、その名の通り遺族が一時金として受け取り、年金としての給付はない。

図表3-1 ● 確定拠出年金の利用の流れ

	企業型	個人型
加入	運用の"中身"を考える➡第**4**章 • 拠出する金額を決める 　※マッチング拠出の利用の有無 • 運用商品を選ぶ 　↓ 申込手続（会社が一括して行う） 　↓ 運用開始	運用の"中身"を考える➡第**4**章 • 拠出する金額を決める • 運用商品を選ぶ 　↓ 運営管理機関を選ぶ➡第**3**章 　↓ 申込手続 （書類を運営管理機関に郵送） 　↓ 運用開始

↓　以下、企業型・個人型共通

運用	必要に応じて運用内容を見直す➡第**5**章 • 商品の買い替え • 拠出金額の変更　など 転退職等による変更 • 運営管理機関の変更、運用指図者になる、移換手続　など ➡第**3**章、及び第**5**章

↓

受取	給付は3種類（老齢給付金・障害給付金・死亡一時金）➡第**5**章 老齢給付金の場合 • 次の2条件を両方とも満たしていることが必要 　• 年齢が60歳以上 　• 加入期間が10年以上（10年未満の場合は、年数に応じて最大65歳迄繰下げ） • 受け取り方は3種類（年金・一括・年金と一括の併用）

Textbook of Defined Contribution Plan

企業型確定拠出年金

マッチング拠出制度

企業型の確定拠出年金は、退職給付制度の一つとして位置づけられてきたため、掛け金は全額、事業主が拠出する仕組みになっていた。その後、法改正により、加入者である従業員も事業主の掛け金に上乗せして拠出出来るようになった。この**マッチング拠出**制度は、企業が年金規約の中で定めることによって利用出来るようになる。

勤め先が確定拠出年金を導入している場合、従業員は原則として強制的に加入させられるが、マッチング拠出については、勤め先が導入していても、加入者は利用するかどうかを自分で決めることが出来るため、強制されることはない。

マッチング拠出を利用する場合、加入者は、事業主が拠出する掛け金の額を超えて拠出することは出来ず、また、双方の拠出合計額は、加入者の拠出限度額内に収める必要がある。この

ように、利用出来る金額に制限はあるが、勤め先が制度を採用している場合、節税効果を利用出来る貴重な追加拠出のチャンスなのだから、利用するとよい場合が多い。

デフォルト商品

　加入者が拠出した掛け金の運用指図を行なわなかった場合、その年金資産については、自動的に、予め設定された運用商品を購入するように決められている。この運用商品の事を「**デフォルト商品**」と呼ぶ。運用商品を選びあぐねた結果、自分で判断することを放棄した加入者や、煩わしくてつい放置したままの加入者等がこれに該当し、決して稀なケースではない。

　日本より早く確定拠出型の年金を導入している米国の事例をみると、デフォルト商品を元本確保型のものにするか、リスクを取った商品にするかで、その後の加入者の運用商品選択が大きく異なることが知られている。

　我が国では、デフォルト商品を元本確保型の商品以外のものにする場合は、これを企業年金規約で明確に定めて、加入者に十分な情報提供を行うことが必要だとされている。

　こうしたルールの存在を考えると、元本確保型の商品をデフォルト商品にするのが「面倒くさくなくていい」と考えるのが自然で、実際に大多数の確定拠出年金では、預金等の元本確保型商品をデフォルト商品に設定している。しかし、想定利回りの低さを考えると、例えば、リスク資産が半分くらい入ってい

064

る方がいいかもしれない。但し、その場合には、加入者への十分な説明と情報提供が必要になる。デフォルト商品のあり方には今後、工夫の余地が大いにあるように思われる。

ラインナップをどう評価するか

　さて、第2章でも触れたが、企業型確定拠出年金では、会社によって運用商品のラインナップに大差がある。実際の運用方法については、個人型と併せて第4章で詳しく説明するので、ここでは、企業が用意した運用商品ラインナップの評価の仕方について説明したい。

　先ず、企業型確定拠出年金が導入されている会社にお勤めの読者は、自社の確定拠出年金の運用商品ラインナップをよく見て欲しい。

　例えば、リスク商品が**インデックス・ファンド**だけで、それらが10bp〜20bp（bp：ベイシスポイント。100bp＝1％）程度の運用管理手数料である会社にお勤めの方は幸せだ。良い運用対象があるし、何よりも間違える可能性が小さい点がいい。確定拠出年金を担当し、金融機関と交渉した社内の部署・担当者に感謝しよう。

　よくあるのは、20〜30個くらいの商品が並んでいて、インデックス・ファンドも、**アクティブ・ファンド**も、運用会社が確定拠出年金に好適だと称する**ライフサイクル・ファンド**（ターゲット・イヤー別、リスクの大小別などで複数タイプがある

第3章 ● 確定拠出年金の始め方　　065

ことが多い。しかし、理由は後述するが、確定拠出年金の税制優遇を最大限に活かせない点で、明らかに確定拠出年金に不向きなダメ・ファンドなのだ）などが雑多に並んでいるケースだ。このタイプを「**あれも・これも型**」と名付けよう。

「あれも・これも型」の確定拠出年金商品ラインナップは、中にはいいファンドもある点で「まあまあ」かもしれないが、加入者が間違って不適切な商品を選択する余地を残している点でよろしくない。

選択肢が多い事は、一見悪い事ではないように思われるかもしれないが、行動経済学の研究から、人間は選択肢が多すぎる場合、選択行為を放棄したり、選択が雑になったりすることがしばしばあることが知られている。運用選択肢を増やし過ぎると「たくさんあって、よく分からないし、面倒なので定期預金にしておこう」といった、実質的な選択拒否が起こって、その結果、分かり易い元本確保型商品に資金が滞留する現象が起こりやすくなることが考えられる。加入者がリスクのある運用商品を選ぼうとする場合にも、運用商品の内容に誤解が生じ易いし、組み合わせが複雑になる。

運用商品の選択肢は、理想をいうなら一桁の本数にとどめたい。投資教育や情報提供を十分に行う上で、担当者にとってもその方が、都合がいいはずだ。確定拠出年金の担当者には、加入者が欲しがるかもしれない商品を多数揃える「親切」よりも、加入者が間違える可能性を最大限減らせるような「高度な親切」を心がけてくれることに期待したい。

もう一言付け加えると「あれも・これも型」のラインナップの中には、確定拠出年金を提供する金融機関が手数料稼ぎのために加入者に買って欲しいと思っている「**地雷**」のような商品が含まれていることがあるので気をつけたい。

Textbook of Defined Contribution Plan

投資教育の落とし穴
～「名ばかり」投資教育に気をつけよう

「カタチだけ」投資教育

　投資教育は、従業員の加入時にはもちろん、加入した後においても継続して行わなければならないとされており、実施時期によって「**導入時教育**」と「**継続教育**」に分かれる。しかし、罰則規定がない努力義務であるため、その取り組みには企業間に意識格差がみられるのが現実だ。

　企業年金連合会が実施した「確定拠出年金制度に関する実態調査（平成25年）」によると、導入時教育が概ね全ての事業所で行なわれているのに対して、継続教育については、実施率が55.2％と、未だ6割に満たない状況である。導入時教育についても、その具体的方法や教育の質までは問われないため、同連合会による実態調査では、導入時の教育は1回やって終わりという企業が全体の8割を超える。また、実施方法を見ても、殆どが集合研修や配布物などで済ませていることが分かる。

068

こうした「カタチだけ」の投資教育しか受けておらず、基本的な知識を得る機会のないまま運用を始めてしまった加入者は、何をどう選べばいいのか分からないまま、「とりあえず」元本確保型で全額運用しているというケースが少なくない。

　確定拠出年金は、自分でリスクを負って運用する年金である。「会社が選んだものなのだから、これで十分だろう」と、デフォルト商品（大抵は元本確保型の定期預金といった商品だ）のまま運用していて、自分の望む通りの運用成果が得られなかったとしても、それはデフォルト商品を選んだ自分の責任になる。もちろん、自分で判断をした結果、全額を元本確保型商品で運用するという選択肢もあるが、それは、よく分からないからと、考えることや自分で選択することを放棄してデフォルト商品のまま放置することとは、根本的に別の話だ。

　率直に言って、知識がないために、金融機関の「カモ」となって、複雑な仕組みの商品に誘導され、不要に高い手数料と過度なリスクを払っていることに気付かず運用しているケースが方々で見られるのが現実だ。

　どちらにしても、最終的には加入者個人の「自己責任」に行き着くとは言え、導入企業の側において、従業員の年金と投資教育に無関心でいるのはよくない。従業員の運用の巧拙は、従業員が最終的に手にすることが出来る実質的な経済的報酬に関わるので、会社がこれに無関心でいることは適当ではない。

第3章 ● 確定拠出年金の始め方　　069

「カモの養殖」型投資教育の危険

　それでは、熱心に投資教育を行う企業に勤めている加入者は、皆が皆、幸運だと言い切っていいのだろうか。

　導入教育が複数回に亘って行われ、継続教育も定期的に、外部から「プロ」の講師を呼んできて行われる場合、量は申し分ないのかもしれない。しかし、投資にかかわらず、教育に最も重要な要素は、その「質」にあることを忘れてはいけない。

　企業型の確定拠出年金において、特に不適切なのは、実施するべきとされている投資教育を、確定拠出年金を取り扱う取引金融機関に丸投げしているケースだ。

　商品ラインナップを考える段階で、制度導入の採算を早く取りたい（加えて、もちろん儲けたい）金融機関のいいなりになった財務部が、取引金融機関に恩を売りたいという思惑から、商品ラインナップの選定を取引金融機関に任せて、実質的に「従業員を売り渡す」ような行動を取る可能性も無いとはいえない。そうなると、ラインナップの中心は、制度を担当する金融機関グループの商品になり、適切な商品（シンプルで手数料の安い商品が適切である）が選択肢にない場合もあって、加入者である従業員には、お気の毒としか言えない事態となる。

　適切な商品がラインナップに含まれていたとしても、前述の「あれも・これも型」商品ラインナップのような場合、同じ金融機関のグループから無料で提供される投資教育を通じて、加

入者が、金融機関に好都合な商品（手数料の高い**バランス・ファンド**など）に、誘導される場合が少なくない。

　運用に関する教育的な情報提供は、運用会社や運用商品の販売者ではない独立した専門家から提供されることが望ましいと強く申し上げておく。

　なお、確定拠出年金の選択肢に「**自社株**」を入れている企業を見かけるが、リスクが集中するので運用セオリー上好ましい事ではない（詳しくは102ページ参照）。社員を安定株主にしたい経営者の気持ちは分かるが、それは我慢するのが真に社員のためを思う経営者としての見識だろう。

理想の投資教育と商品のラインナップ

　それでは、勤め先の投資教育が全くアテにならない、或いは商品ラインナップが金融機関の手数料稼ぎの場になっているといった場合、従業員である加入者に出来ることは何だろうか。

　投資教育については、当面、「投資教育は確定拠出年金の取り扱い金融機関グループの者ではなく、有料であるとしても、その金融機関グループと利害のない外部の講師を頼むべきだ」と強く要望することだろう。しがらみのない講師による「正しい投資教育」の効果は大きいはずだ。

　導入時の投資教育にあっては、必要な制度の説明や、個々の**アセットクラス**（「国内株式」「外国債券」などの運用資産の大

第3章 ● 確定拠出年金の始め方　**071**

まかな分類の事）、運用商品のリスクとリターンの説明といった運用全般の基礎的な知識に加えて、「確定拠出年金の合理的な使い方」の情報提供を、できれば、なるべく早い段階から行いたい。

　更に可能であれば、商品ラインナップの変更も働きかけたい。
　理想的な商品ラインナップの条件をまとめると、次の三原則になる。選ぶに値する運用商品をラインナップに追加して貰うことが出来るかどうかで、老後の受給額に小さくない影響があるだろう。

確定拠出年金の良い商品ラインナップ三原則
1. 選択肢の数が多すぎない
2. 内容が分かり易いシンプルな商品である
3. 手数料コストが低い

　ただ、商品ラインナップの急速な整理縮小は、少額ではあっても既に運用対象商品として加入者が選んでしまった商品を除外するのが困難なので、現実的には難しい。特定の商品をラインナップから除外するには、現在は、加入者全員の同意が必要とされているが、法改正で、この条件の緩和が認められることとなった。
　加入している企業型確定拠出年金が、いわゆる「**総合型**」と呼ばれるタイプの場合は、特定の商品を除外するためのハード

ルが更に上がる。「総合型」とは、単独での制度導入が難しい会社が複数集まり、共通する規約にもとづいて運営されるものであり、この場合、一企業の都合では規約を変更することが出来ないからだ。

　個々の加入者が運用する確定拠出年金の資産額は小さいが、運用に必要なリスクの理解と判断のツボは、巨額の資金を動かす年金基金のような機関投資家と本質的に変わらない。加入者が間違える余地の少ない、無駄のないラインナップの提供が大事だ。

Textbook of Defined Contribution Plan

個人型確定拠出年金

見落とし易い個人型の加入資格

　勤め先の会社が確定拠出年金を導入している場合、原則として強制的に加入することになるため、利用漏れで税制上のメリットを使い損ねるケースは少ないだろう。しかし、勤め先に厚生年金しかなく、追加的な企業年金制度がない会社に勤めている場合、「**個人型**」確定拠出年金の加入資格があることをそもそも知らない人が多いのではないだろうか。これは、年間最大27万6000円迄税引き前の給与から積み立てることが出来るチャンスを逃していることになり、大変もったいない。所得にもよるが、年間数万円以上の節税効果を見逃していることになる。「会社員だし、勤め先が導入していないので、自分に確定拠出年金は関係ない」と思っている人は、今一度、自分が加入している年金の内容を確認してみよう。

　まして、企業年金のない自営業者等は、年間81万6000円も

の金額を所得から控除出来るのだから見逃せない。それでも、個人型確定拠出年金の加入資格者における実際の加入者の割合は、まだまだ多いとは言えないのが現状だ。

　個人型の場合、掛け金は本人が全額負担する。事業主が掛け金を負担してくれる企業型に比べ、この点の不利感で、加入をためらう理由となっている人がいるかもしれないが、利用出来るメリットは利用する方が合理的だ。また、個人型の場合、「全てを自分で選ぶことが出来る」点で、企業型よりも実質的に「よい」制度だと言える面がある。運用したいと思う金融商品を扱っていて、且つ手数料の安い**運営管理機関**を「自分で」選ぶことが出来るからだ。確定拠出年金の制度理念から見れば、本来、当然の権利ではあるが、先に述べたような、残念な商品ラインナップの確定拠出年金を導入してしまった企業にお勤めの加入者から見れば、羨ましい点だ。

　個人型確定拠出年金の加入に際して、最も重要なのは「どの運営管理機関に申込をするか」だ。そして、その運営管理機関を選ぶ前提として、「投資したい商品を取り扱っている」ことが不可欠であるため、個人型では、確定拠出年金でどの金融商品をどの配分で運用するかを決めるところから始まる。この点については、続く第4章で詳しく説明するので、ここでは、全体の流れをまとめておく。

　個人型確定拠出年金の加入までの流れは、大まかに次の**図表3-2**のようになる。

第3章 ● 確定拠出年金の始め方　　075

図表3-2 ● 個人型の加入までの流れ

①運用計画と購入商品の決定（第4章参照）

②運営管理機関の決定

③申込手続と運用内容の指図

④運用開始（初回掛け金が指定口座から引き落とされる）

運営管理機関を決めるのは運用方針を決めた後

　運用をこれから始めようとする人が、間違えてしまいがちなのが、最初に運営管理機関を選んでしまうことだ。意外かもしれないが、確定拠出年金でも、通常の資産運用でも、取引をする金融機関を決めるのは、あるべき手順としては最後に近い。

　自分の資産運用計画を決定し、確定拠出年金でどのような運用商品にどういった配分で投資するかを決めて、その上で運営管理機関の選択に取り掛かるのが正しい手順だ。

　インターネットを使える環境であれば、**国民年金基金連合会**による個人型確定拠出年金のWEBサイト（http://www.npfa.

図表 3-3 ● 個人型確定拠出年金のページ ※国民年金基金連合会WEBサイト内

or.jp/401K/）を見てみよう（**図表3-3**）。国民年金基金連合会は、個人型確定拠出年金の実施主体として、個人型年金規約の

作成、加入者資格の確認、掛け金の収納等の業務を行っている。元々は全国にある国民年金基金を会員とする連合体として、当時の厚生省により認可された法人組織だ。

このWEBサイトでは、制度の案内や確定拠出年金についての説明の他に、ページ右側にある「運営管理機関」のメニューを選んで、全国の運営管理機関リストをみることが出来る。金融機関毎に確定拠出年金についての連絡先電話番号や担当部署名、HPアドレスが載っているので、そこから申込に必要な資料の請求が出来る。

この時点で、既に買いたい運用商品はだいたい決まっているはずなので、運営管理機関を選ぶ基準は、(1)自分が買いたい運用商品を扱っている、(2)手数料が安い、の主に2点だ。資料請求への対応は、どこの金融機関も無料で行っているので、実際に気になる候補先が複数ある場合は、それぞれ資料を取り寄せて比較してみるといいだろう。

手数料は運営管理機関によって異なる

この「手数料」について、少し詳しくみていこう（**図表3-4**）。
確定拠出年金に掛かる手数料には、公的機関等に支払う定額のものと、運営管理機関等が独自に設定するものとがあり、ここで比較するのはもちろん、運営管理機関によって異なる手数料の方だ。

図表 3-4 ● 加入者・運用指図者に掛かる手数料

項目	金額	支払先	備考
加入時に掛かる（1回のみ）			
加入時手数料	2777円	国民年金基金連合会	
加入時手数料	＊	運営管理機関	殆どの運営管理機関は無料
運用期間中継続して掛かる（口座管理手数料、月額）			
自動引落手数料	103円	国民年金基金連合会	運用指図者は、引落しがないため不要
事務委託先金融機関手数料	64円	信託銀行	
運営管理機関手数料	＊	運営管理機関	0円～数百円
運用商品の手数料			
運用管理手数料（信託報酬）	＊	販売会社等	

※「＊」は金融機関によって異なる。金額は全て税込

　どの運営管理機関を選んだ場合でも、新規加入時、又は他の企業年金から年金資産を移換する際、国民年金基金連合会に2777円の**加入時手数料**を支払う。また、千円程度の加入時手

第3章 ● 確定拠出年金の始め方　079

数料をとる運営管理機関が一部あるが、殆どの運営管理機関で手数料は掛からない。

次に、運用期間中を通じて掛かる手数料として、**口座管理手数料**がある。月額167円（国民年金基金連合会に103円、信託銀行に64円）に加えて、運営管理機関毎に異なる手数料がかかり、0円（但し一定額以上の年金資産のあることが条件）から月額数百円程度まで様々だ。

もちろん、購入する運用商品によっては、運用管理手数料が別に掛かる。

これらの手数料は、掛け金や各個人の年金資産から引き落とされる。手数料負担が大きいと、それだけ確実に資産が目減りするため、手数料の比較は、運営管理機関や運用商品を決める際の一番のポイントになる。

申込手続時に金額と配分を指定する

運営管理機関に資料請求をすると、書類一式が送られてくる。たいてい取扱運用商品の一覧や手数料等のデータも同封で送られてくるので、この書類を各社読み比べて最終的な判断をしてもいいだろう。基本的に、これらの情報はWEBサイト上でも調べられる。

手続に必要な書類の内容や用紙は、申込者が国民年金の第1号被保険者（自営業者）か第2号被保険者（サラリーマン）か、又は新規の加入か別の企業年金や運営管理機関からの変更なの

図表 3-5 ● 基本的な申込手続
（運営管理機関や申込者の状況によって多少違いがある）

書類	主な記入内容	
加入申込書	基礎年金番号	事前に確認しておく
	拠出金額	5000円以上、1000円単位で指示する
	運用配分	運用商品毎に割合（%）で指示する
	口座振替金融機関	ネット系銀行等、一部の金融機関では取扱い不可
本人確認資料	免許証など	

事業所登録申請書兼第2号加入者に係る事業主の証明書	第2号被保険者（会社員）のみ、加入資格確認のために提出を求められる
	勤め先に記入を依頼する

か等、申込者の状況によって異なる。資料請求時に予め申し出た区分の書類のみが送られてくる場合にもあるが、区分けせずに全種類の申込用紙が入っている場合には注意しよう。

申込用紙の主な記入内容として、「基礎年金番号」、「掛け金引落口座情報」の他に「拠出金額」と「運用配分」を指定する欄がある（**図表3-5**参照）。拠出金額は5000円以上1000円単位で指定し、その運用配分は、運用商品毎に割合（%）で指示

する（ex.商品Aを30％、商品BとCを35％ずつ）。入社時や転職の時くらいしか、自分で管理する機会のない会社員では、自分の「基礎年金番号」が分からないと言う人も少なくないだろう。その場合は、事前に勤め先に問い合わせて調べておこう。

また、基本的に個人名義の銀行口座から毎回の掛け金が引き落とされる（会社員の場合、給料から天引き出来る場合がある）が、ネット系銀行等の一部金融機関は対応していない場合があるので注意したい。

この他、会社員である第2号被保険者の場合は、申込用紙の他に「事業所登録申請書兼第2号加入者に係る事業主の証明書」を勤め先に書いてもらい、併せて提出する。

運営管理機関によって多少の違いはあるが、後は免許証等の本人確認資料を用意すれば、提出書類は揃う。NISAのように役所から住民票を取り寄せる手続が必要といった煩わしさはない。

手続完了通知は、国民年金基金連合会から届く

申込書類の提出先は各運営管理機関だが、申込内容の確認は**国民年金基金連合会**が行い、手続完了の通知も、運営管理機関ではなく国民年金基金連合会から送られてくる。

それとは別に、運営管理機関毎に指定する**レコードキーパー（記録関連運営管理機関）**から、インターネット上で運用指図や運用状況の確認をするためのIDやパスワード等の資料が送

られてくる。レコードキーパーは、個人毎の運用履歴の管理をする会社で、加入者からのインターネットや電話による運用指図の受付も担当する。なお、異なるレコードキーパーと契約していた銀行同士が合併し、合併前に各行が運営していた確定拠出年金の制度をそのまま引き継いでいるような場合、1つの運営管理機関が複数のレコードキーパーと契約していることがある。

　運用が始まると、毎月26日（休業日の場合は翌営業日）に掛け金が口座から引き落とされる。第2号被保険者で給与天引きを選択した場合は、給与からの天引き開始を以ってスタートとなる。口座残高不足などで引き落としが出来なかった場合は、その月の拠出はなかったこととされ、公的年金のように前納や追納の制度はない。

　掛け金の引き落としは毎月26日と決まっているが、実際に引き落とされた掛け金を使って購入手続が行われるのは、引き落としの13営業日後以降としている金融機関が殆どだ。

第3章 ● 確定拠出年金の始め方　083

Textbook of Defined Contribution Plan

運営管理機関を変更する場合

　制度としての確定拠出年金は、一度加入したら脱退しない限り、基本的には最後まで付き合うことになる。しかし、**運営管理機関**に関して言えば、人生の様々な状況によって、変更を余儀なくされることがある。具体的には、転退職により、個人型と企業型の間での変更や企業型から企業型への変更など、加入する年金の種類が変わるたびに、運営管理機関も変更になる。もちろん、それ以外に個人型の加入者が、更に自分に合った運営管理機関を見つけたなど、自分の意志で変更することもあり得る。

　以下、運営管理機関を変更するときの主な手続と、「デメリット」について簡単にまとめてみた。

　運営管理機関の変更それ自体は、その殆どがデメリットだ。転職等の場合は仕方がないとしても、最初にしっかり選ぶことが重要であるのは、言うまでもない。

移換手続

　運営管理機関の変更には、「**移換**」という手続をとる。確定拠出年金制度では、転退職等のたびに個人毎の年金資産を持ち運ぶことが出来る。自分の資産を別の運営管理機関に「移し換える」イメージだ。

　移換手続は、新規加入の手続と基本的に同じであり、移換先の運営管理機関に「運営管理機関変更届」等の書類を提出する。移換前の運営管理機関への手続は、企業型からの移換では企業の担当者が行ってくれるが、個人型からの移換では、加入者本人の手続が必要になるケースがある（詳しくは172㌻の移換の節で説明する）。

　なお、企業型では、企業毎に信託銀行などの資産管理機関と個別に契約しているため、仮に移換後の運営管理機関が同じ金融機関であったとしても、企業型と個人型間の変更や、企業型導入企業から別の企業型導入企業への転職といった場合には、移換手続が必要となる。

移換の注意点

　運営管理機関を変更し、移換を行うには、それまでに蓄えた年金資産を全て現金化しなければならない。持ち運べるのはあくまで「金額」のみであり、運用していた個別商品は全ていっ

たん売却され、移換先まで持ち運ぶことは出来ないからだ。

このため、運用商品によっては期日前解約手数料など現金化に伴うコストが発生する場合がある。どのタイミングで資産を売却するかを細かく指示することは出来ない点も注意が必要だ。

移換手続が完了した後、移換先で新たに運用商品を買い付けることになるが、このとき多くの運営管理機関では、全額をいったん定期預金で運用するルールを設けている。その後、自分で投資信託など他の運用商品にスイッチングをすることになる。

更に、個人型への移換の場合、国民年金基金連合会への手数料として、加入時と同じく一律2777円が年金資産から差し引かれる。ある運営管理機関では、移換によって出て行く場合にも、4320円の手数料を取る。この運営管理機関は口座管理手数料が他よりも低いのだが、移換の手数料は高い。近い将来に転職の可能性がある人などは、気をつけておく方がいい。

また、移換の届け出をしてから実際に移換先での取引開始までに、相当の時間が掛かることは覚えておこう。だいたい2ヶ月程度は掛かると見ておくべきだ。これは、その間の投資による期待リターンを放棄することである。2ヶ月あれば、小さくはない儲けを取り逃がす可能性が十分にあり得る。逆に損を避けられることもあるだろうが、運用に空白期間が出来ることは基本的によい事ではない。

なお、運営管理機関に加えて、レコードキーパーも変更となる場合は、更に記録の移換手続が必要になり、この場合は、記録の保存や運用指図の受付窓口も変更になる。

第4章

確定拠出年金を「合理的」に使いこなそう

Textbook of Defined Contribution Plan

● 第4章のポイント

確定拠出年金の運用は
「合理的」に一つに決まる

　確定拠出年金における運用の「考え方」と具体的な方法を説明する第4章が、本書の中核である。章のタイトルにある通り、確定拠出年金の運用は「合理的」に決めることができて、本来迷う余地はない、というのが本書で読者にお伝えしたい中心的なメッセージだ。

　基本的な考え方は、先ず、確定拠出年金は税制上明らかに有利な仕組みなので、これをなるべく「大きく」使うことだ。次に、確定拠出年金は「運用全体の中の一部」であることから、運用全体の中の最も適した部分を確定拠出年金に「割り当てる」ことによって、確定拠出年金の運用内容は一通りに決められる。

　運用対象とする商品は、利用可能な確定拠出年金の具体的なラインナップの中から選ばなければならないが、期待リターンの高いアセットクラスに投資するシンプルで手数料の安い商品がいい。具体的には、外国株式（先進国株式）のインデックス・ファンドかTOPIX連動のインデックス・ファンドの何れか

或いは両方になるケースが殆どのはずだ。

　本章の後半では、確定拠出年金で、現実にある商品ラインナップを企業型を3通り（何れも大手企業グループのもの）と、個人型を2通り挙げて、ラインナップの良し悪しを論じた上で、それぞれのケースでどの商品を選んだらいいかを具体的に説明している。個々のラインナップには大きな違いがあり、中には、明らかに加入者が選ばない方がいい「地雷」と呼びたくなる商品もあるので、この見分け方も説明した。

　確定拠出年金の正しい運用方法はシンプルに決められる。

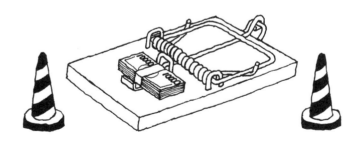

Textbook of Defined Contribution Plan

確定拠出年金の最適利用法
基本の四原則

①自分に可能な最大限の金額で利用する

　確定拠出年金の金額は、自分が拠出可能な最大限の金額で利用したい。

　利用出来る金額は、勤め先の年金制度の規約や本人の経済的事情によって異なる。とは言え、一般に、公的年金に加えて確定拠出年金の運用だけで老後の生活資金の「全て」を賄える人は少数だろう。多くの場合、確定拠出年金以外にも、何らかの形で資産運用をすることになるはずだ。そうであるなら、確定拠出年金は通常の運用よりも有利な器なのだから、運用全体における確定拠出年金での利用額を可能な限り大きくすることがベストの運用になるケースが多い理屈だ。

　企業型の確定拠出年金に加入していて、拠出金額が選択可能な場合は生活と両立する限り大きな金額を割り当てるのがいい。マッチング拠出が可能な場合には、出来るだけ多く利用するこ

とを検討してみて欲しい。

　確定拠出年金の資産は、原則として60歳になる迄引き出すことが出来ない。「起業することになったら資金が要る」、「家を買う場合に頭金が要る」、「自分への教育投資にお金を掛けたい」、など、当面使えるお金が縮小することもあって、確定拠出年金を最大限利用することに躊躇する人が時々いるが、老後の生活資金は必要であり、確定拠出年金の所得控除と運用益途中非課税の有利さは多くの場合圧倒的だ。

　人生は人それぞれなので、「確定拠出年金に使うお金が無いほど当面お金が要る理由」に逐一反論はしないが、資金が必要になる確率、その場合に可能な資金の捻出方法、消費が所得に対して不相応ではないか、といった理由を検討してみて欲しい。筆者としては、大多数の方に当てはまる方針として、確定拠出年金をなるべく大きく利用することをお勧めしたい。

② （企業型の加入者ではない場合）個人型の加入資格があるかどうか確認して、出来る限り利用する

　自営業の人や、勤めている会社の年金制度が厚生年金のみで企業年金はないという人の場合、個人型の確定拠出年金を是非利用したい。

　特に、勤め先に確定拠出年金制度がない人は、先ず個人型の加入資格があるかどうかを確認して欲しい（個人型確定拠出年金の加入資格については49ジ参照）。

第4章 ● 確定拠出年金を「合理的」に使いこなそう　　091

確定拠出年金において一番もったいないのは、「加入資格が
あるにもかかわらず、その事に気づいていない」ケースだ。実
際、厚生労働省のデータをみると、個人型の加入資格を持つ人
の99％以上が確定拠出年金を利用していないという。決して
他人事ではない。

　勤め先に確定拠出年金制度がないサラリーマンは、是非この
機会に確認してみて欲しい。

　また、これまで加入資格のなかった公務員や国民年金3号被
保険者、勤め先が確定拠出年金以外の企業年金を導入している
会社員等も、2017年1月1日以降、法改正によって加入出来る
ようになった。

　こうした法改正は今後も充分にあり得るので、向こう数年は、
確定拠出年金に関わる情報に敏感になっておきたい。同じよう
に、既に加入者であっても、法改正によって拠出限度額やマッ
チング拠出額が増加したり、更に使い勝手がよくなる可能性が
あるので、その場合も、上手に利用したい。繰り返し述べてい
るように、確定拠出年金やNISAの制度拡充は国からの、「公
的年金では不足だと思う国民は、自助努力で老後に備えて下さ
い。そのための制度は用意してありますよ」というメッセージ
なのだ。

　もちろん、個人型の確定拠出年金に加入する場合には、運営
管理機関は、確定拠出年金に適した商品のある金融機関を選ぶ
ことが重要だ（前出75ダ参照）。

③確定拠出年金での運用は 「自分の資金運用全体の一部」だと心得る

確定拠出年金やNISAといった枠の中で個別に運用方針を考えて、別々に**分散投資**を行っているケースをしばしば見かける。例えば、リスク資産を国内株式と外国株式に50％ずつ投資しようと考えていて、確定拠出年金の枠内で、国内株式と外国株式にそれぞれ投資し、NISAでも50％ずつ、それ以外の課税口座でも同様に、国内外に半分ずつ投資しているといった具合だ。また、金融機関が提供する投資教育などで、そのような方針が推奨されることも少なくない（バランス型の商品を売りたいためだろう）。

しかし、これでは自分の運用全体として、税制上のメリットや商品選択の損得を最大限に利用することが出来ない。

例えば、確定拠出年金のラインナップの中に手数料の安い外国株式のインデックス・ファンドがあった場合、別の口座で運用している外国株式の割り当て分を確定拠出年金の中でまとめて運用する方が、全体としての運用の効果が改善する。またNISAでは、TOPIX連動型の**ＥＴＦ**（**上場型投資信託**）に低コストな選択肢があるので、「NISAは国内株式から」が最適な運用の割り当てになる公算が大きい。

確定拠出年金もNISAも、あくまで自分の運用の「全体の中の一部」であり、運用方針は、自分の資産運用全体として最適

第4章 ● 確定拠出年金を「合理的」に使いこなそう　　093

なものを考えるべきなのだ。

　公的年金や企業年金のような巨額の資金を運用する基金は、数多くの運用機関を使う。この場合に、最適な運用機関の雇い方、資金運用の任せ方の構造を「**マネージャーストラクチャー**」と称する。このマネージャーストラクチャーにあって、肝要な事は、基金の意思で運用全体をコントロール出来るようにすることと、全体の合計が最適であるような状態を作ることの2点だ。資金の規模は小さくなるが、個人の資産運用でも、理屈は同じだ。

④運用全体の中で期待収益率の高い商品を集中的に割り当てる

　それでは、全体を最適化した上で、確定拠出年金ではどのような運用を選択すればいいのだろうか。

　確定拠出年金の最大のポイントは、「運用益が非課税になること」だ。このメリットを最大限に活かすには、自分の運用全体の中で期待リターンの高い部分の運用を、確定拠出年金に集中的に割り当てるのが原則だ。

　運用全体でリスクを取りたくないというポリシーがあれば別だが、特に低金利の現在、定期預金や貯蓄型の保険商品など、確定拠出年金に元本確保の商品を割り当てるのは実にもったいない。

Textbook of Defined Contribution Plan

確定拠出年金の
運用商品を決める実践五原則

　4つの基本原則に続いて、確定拠出年金での具体的な運用商品の選び方の実践的な原則をもう少し細かく挙げてみよう。以下の5つがポイントだ。

---

⑤資産の大まかな分類（アセットクラス）毎に1商品、シンプルなものを選ぶ

⑥同じアセットクラスならコストの安い商品を選ぶ

⑦手数料の安い、国内外株式のインデックス・ファンドで運用する

⑧特に、外国株式のインデックス・ファンドの手数料に注目する

⑨自社株に投資する商品と、運用管理手数料の高い商品を避ける

　具体的な運用商品の選び方について、結論を先に言うと、手数料の安い、国内外の株式に投資するインデックス・ファンド

第4章 ● 確定拠出年金を「合理的」に使いこなそう　095

に投資するといい。そして、確定拠出年金では先ず、外国株式のインデックス・ファンドから考える事が適切な場合が多いと申し上げておこう。国内株式と外国株式とに投資する比率は、自分の運用全体を通して半々程度になっていればいいだろう。厳密に5:5になっていなくても、4:6～6:4の間に収まっていればいい。

資産配分（アセット・アロケーション）はこれで簡単！

内外株式の比率は、機関投資家が使う期待投資収益率とリスクの前提条件から計算したものだが、近年の傾向を反映すると、国内株式：外国株式＝4:6くらいがいいかもしれない、と申し上げておく（5:5と大差はないが）。もっとも、5:5の方が簡単なので、本書では敢えて「内外株式を半々に」としておきたい。

それでは、リスク資産の内訳を「内外の株式に半々に」としたときに、幾らリスクを取るといいのかだが、これもあくまでも「自分の運用資産全体で」幾らとするかを考える。問題なのは、自分の財産全体の合計でどうなっているかなので、こう考えるのが正しい。

リスク資産への投資額の決め方としてお勧めする方法は、仮に**「大損の場合1年に元本の3分の1を損するが、同じくらいの確率で1年に大儲けでき、平均的には年率5％くらいの投資対象があれば、幾ら保有したいか？」**、と自問して考える方法

だ。

リスク資産への配分額は、よくあるように金融資産の中の比率で考えるよりは、具体的な「金額」で考える方が直接的で判断し易い。

また、**損や得の自分の生活への影響は、「360」（65歳から95歳迄の30年間が360ヶ月であることによる）を単位にして、例えば「360万円損すると、老後に取り崩すことが出来るお金が1ヶ月につき1万円減る」といった換算を行うと、実感をもって考え易い。**

若くて、健康で、安定した仕事がある方は、予備費も含めて借金せずに済む程度の預金が銀行口座にあれば、あとは概ねリスク資産で運用しても、そう問題は無いだろう、と申し上げておく。確定拠出年金以外の口座で運用している資産は、株式でも投資信託でも、いざとなれば数日で現金化出来るので、将来の予想外の支出にも対応出来る。もっとも、生活上問題は無くても、運用のリスクは、人によっては「どうにも気になる」場合があるので、無理にリスクを取れとは言わない。

運用の「目的」は、誰にとっても「お金を儲けること」であり、リスク負担の能力と意思は異なっても、効率よくお金を増やしたいというニーズは誰でも同じだ。また、お金はその使い道を後から自由に決めることが出来る。個人の場合は、自分で負担するリスクの大きさを決めたら、運用計画は半ば出来上がったも同然なのだ。

時には難しいとされる**資産配分**（アセット・アロケーショ

第4章 ◉ 確定拠出年金を「合理的」に使いこなそう　**097**

ン）だが、簡便法で割り切ってしまえば、これでおしまいだ。これを確実に改善することはプロにも簡単ではない。資産の種類を増やすなどの工夫は、投資が好きな方が「趣味の領域」でチャレンジするといい。この簡便法が手強い相手であることが分かるはずだ。

運用商品の評価は「手数料」のみで行う

　資産配分が出来ると、次に、それぞれの**アセットクラス**に対応する運用商品を、それぞれの口座毎に選択することになる。いよいよ具体的な運用商品が決まる。

　運用商品の評価方法には、金融機関が主催する投資教育では決して教えてくれない強力なコツがある。

　それは、運用商品の評価は、「（実質的な）手数料のみで行う」ということだ。

　例えば、「国内株式」で運用する商品に投資して、投資家が得るリターンを考えると、

（1）**市場全体のリターン**
（2）**運用の巧拙によるリターン**
（3）**手数料**

の3つで決まる（**図表4-1**）。

098

図表4-1 ● 運用商品評価の基本原理

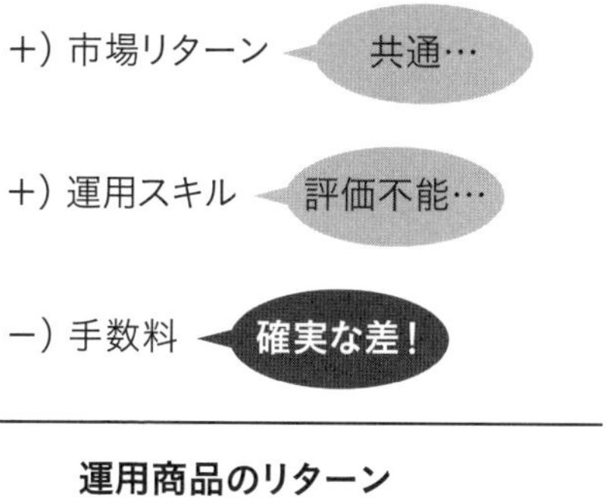

+) 市場リターン　　共通…

+) 運用スキル　　評価不能…

−) 手数料　　確実な差！

運用商品のリターン

> 先ず手数料から評価せよ。
> 同一カテゴリー商品より手数料が高いものは、それだけでダメ。

　市場全体のリターンは予想が難しいが、同じカテゴリーの商品では共通だ。

　運用の巧拙によるリターンは、市場平均と比較した場合にその商品がいつ、どのような「差」を持っていたかによって決まるが、これを「事前に」見分けることは不可能なのだ。運用が上手い投資信託と、下手な投資信託は、区別が付かない。

　もちろん、過去の運用成績を比較することは出来るが、過去の運用成績は、将来の運用成績と無関係なのだ。この部分は評価出来ない。

すると、投資家のリターンの差に影響する「確実な差」は、手数料の差だと分かる。

　具体的な運用商品の良し悪しを考える際に、人はしばしば、株価や為替レートなど相場がどうなるか、更には運用が上手いか下手か（評判はどうか）、といった要素に注意が向いてしまうが、これは正しくない。

　同類の商品の手数料との差だけを比べて、相対的に劣っている商品は、「それだけで」投資候補から除外して構わない。

　運用の巧拙を棚上げするしかないとすれば、手数料の高い商品は手数料の低い商品と比較すると、相場が好調な時は儲けが小さく、相場が不調なときは損が大きい、という期待値を持たざるを得ないので、選択肢として「常に劣る」のだ。

外国株式インデックス・ファンドから考える訳

　自分の運用全体で、アセットクラス毎にどの資産分類をどれだけ運用するかの計画を決めたら、その中で、期待収益率の高い運用商品を先ず確定拠出年金とNISAに「割り当てる」ことが合理的だ。

　中でも、確定拠出年金のラインナップに、確定拠出年金向けに設計された手数料の安い外国株式のインデックス・ファンドが含まれている場合は、これを確定拠出年金で集中的に運用したい。

　また、運用手数料が抜群に安いTOPIX連動型ETFは確定拠

100

出年金では投資出来ないが、NISAでは選択出来るので、こちらをNISAに割り当てることから考え始めると、正解に早く近づくことが多い。NISAとのバランスを取る上でも、確定拠出年金では外国株式のインデックス・ファンドが最適な選択肢になり易い。

インデックス・ファンドが連動を目指すインデックス（株価指数）は、MSCI-KOKUSAI（日本を除く先進国株式に円建てで投資した状態を表すインデックス）など、主に先進国に幅広く分散投資する株価指数を選ぶといい。一部には、経済成長率が高いいわゆる新興国の株式に投資することが魅力的だとの意見もあるが、現在、先進国の株価と新興国の株価は連動性が非常に高く、後者は前者の変動をスケール的に拡大しただけに近い値動きになっている。新興国株式はリスクが把握しにくいこともあるので、当面、外国株式は先進国株式に投資すれば十分だと筆者は考えている。もちろん、指数の1割程度のウェイトで新興国株式が入った総合的な「世界の株式の指数」をターゲットとするファンドに投資してもいい（はっきり言って、大差はないし、優劣はプロでも決めることが難しい）。

確定拠出年金では、一般向けに販売されている投資信託よりも運用管理手数料の安い投資信託があることが多い。その理由は、一般向けの投資信託では、運用管理手数料の中から半分程度、運用会社が販売会社に「代行手数料」という名目の手数料を支払うことが多く、この手数料が必要ない分コストを低くすることが可能だからだ。また、運用会社が設定している大手の

年金基金向けの資金運用の手数料は、もともともっと安いのだ。率直に言って、確定拠出年金の運用商品の手数料にはまだ下げ余地があると筆者は思う。もっとも、広く一般に売られている商品よりも手数料が安いのだから、リスク資産への運用では、確定拠出年金の商品から先に利用することを考えたい。

原則の9つめの、「自社株に投資する商品と、運用管理手数料の高い商品は避ける」については、補足が必要かもしれない。

企業型の確定拠出年金の場合に注意したいケースの一つに、**自社株**が運用対象になっている場合がある。その商品の購入は避けるのが鉄則だ（確定拠出年金だけでなく、いわゆる「社員持株会」にも同様の事が言える）。

会社の業績が悪化すると、ボーナスや給料が下がりやすく、更に事態が悪化すると、リストラされる確率や、ひいては会社が潰れる確率が高まる訳だが、こうした場合、当然ながら自社株の株価は下がる。自分の収入と運用資産で、同方向のリスクを取るのは、資産運用の原則に反する。

会社としては、自社の社員は会社側に協力的な安定株主になり易いし、自社株を持った社員は仕事に対するモチベーションが高まることがあるので、自社の確定拠出年金ラインナップに自社株を含める場合があるのだが、社員の側では、出来るだけ避けるべきなのだ。筆者の個人的な意見を言わせて貰うと、確定拠出年金を通じて、自社の社員に自社株を持たせようとする経営者は「考えが貧しい」。反省して改めるべきだ。

ここまでに登場した運用商品の他に、「**外国債券**」で運用する投資信託という選択肢があるが、当面、投資する必要はないと考える。先ず、外国債券に関しては、為替リスクがあり、ある程度の大きさのリスクがある割には期待リターンが低い事が大きな理由だ。加えて、円安になる場合は「外国株式」、「国内株式」共に値上がり傾向があるのでこれらを持っているなら、十分な収益が得られる。これらの状況を考慮すると、わざわざ運用対象として「外国債券」を候補に入れる必要性が現時点では感じられない。

　また、確定拠出年金以外のケースでもそうなのだが、「外国債券」に投資する運用商品の中には、手数料が高く期待リターンが低いのにリスクが大きな「地雷」的商品がしばしばあることも、「外国債券」を避ける理由の一つだ。

　更には、本書執筆時点で、日本の長期国債利回りばかりでなく、欧米先進国の債券の利回りも大きく下がっており、更に低下する余地が小さい。金利水準がもう２～３％高ければ、株式

との組み合わせに補完的な効果が期待出来る場合があるが、現状ではその可能性が小さい。

　確定拠出年金では、運用対象をスイッチング出来るので、欧米の景気がもっと回復して、金利水準が上がった場合に、「外国債券」のインデックス・ファンドを一部加えてもいい場合が将来出てくる可能性があるが、当面は必要ないと判断する。

　また、本書執筆時点で「**国内債券**」の利回りは極端に低く、特に2016年2月に「マイナス金利政策」を日銀が導入してからは、10年国債の利回りがマイナスになるなど、「国内債券」に投資したい状況ではなくなっている。リスクを抑える上で「国内債券」ないし「現金」は運用上役に立つが、現在、個人が利用出来る運用対象の中では「**個人向け国債・変動金利型10年満期**」の有利性が圧倒的だ（銀行より安全で、将来の金利上昇リスクに強く、最低保証利回りの年率0.05％が相対的に有利）。「国内債券」は確定拠出年金の中でではなく、一般の課税口座で「個人向け国債・変動10」を持つことを中心に考えたい。

Textbook of Defined Contribution Plan

実際の企業型確定拠出年金の
ラインナップを見てみよう

　個人型の確定拠出年金については、個々の**運営管理機関**の商品ラインナップや手数料をインターネット上で探して比べることが十分可能だ。実際にそれらを比較して紹介している個人ブログなども見受けられる。一方、企業型の確定拠出年金のラインナップについては、当該企業関係者以外の人が知る機会は殆どない。

　そこで、ここでは、実際に筆者が入手出来た企業の確定拠出年金資料から、商品ラインナップの実例を見ていこうと思う。合わせて、それぞれのラインナップで、どのような運用商品の選択が最適になる公算が大きいかを、読者と一緒に考えてみたい。

　ここで紹介した内容から、「自分の勤め先かも」と思った読者は、是非参考にして頂きたいし、その他の皆さんにとっても、現実に確定拠出年金ではどんな商品がラインナップされていて、それがどの程度の手数料なのか、また、そこで何を選んだらよいのかを知る手がかりになるだろう。

第4章 ● 確定拠出年金を「合理的」に使いこなそう　105

1 A社の場合

　はじめにご紹介するA社は、日本を代表する大手企業の一つだ。グループ企業も含め、同社の確定拠出年金制度を利用する従業員は十万人を超える。

　ラインナップの一覧表（108ジ**図表4-2**）を見て特徴的なのは、その選択肢の多さだ。企業年金連合会の調査（2013年）によると、確定拠出年金の制度全体で、ラインナップの平均商品数は約18本だ。一方、A社では、元本確保型の商品が、定期預金と保険商品を合わせて11本、投資信託等が19本で、計30本もの運用商品が並んでいる。本書の分類で言うと「**あれも・これも型**」の商品ラインナップであり、率直に言って好ましいものではない。

　取引金融機関が勧める商品の多くを採用して選択肢を増やしたのだろう。債券・株式、国内・海外（更に先進国・新興国）、パッシブ・アクティブの、ほぼ全組み合わせを網羅しているところは、社内担当者が、「社員が間違って不適切な商品を選択しないように」商品を絞り込むことを放棄したようにも映る。社員に責任を丸投げしているようでもある。

　A社社員の皆さんには、選択肢の多さにげんなりして、十分考えずに運用商品を選んでしまったり、判断そのものを放棄してしまう人が多く出てしまうのではないだろうか。

106

先ず、「バランス型」の商品と「元本確保型」の商品は確定
拠出年金の運用益途中非課税のメリットを十分に活かせないの
で、運用対象として考える必要がない。

　バランス型の商品には株式の比率を大まかに3割・5割・7
割といったリスクのバリエーションを持たせたものを並べてい
るが、加入者は、自分がどのようなリスクを取っているのか、
正確に把握せずにいることが多いだろう。運用に対する把握と
判断を事実上放棄させる、好ましくない運用選択肢だ。中身を
十分理解させるような投資教育が出来ていないことが推測され、
心配だ。

　元本確保型の商品に関しては、子細に見ると、それぞれの金
融機関が一般向けに提供している商品よりも「頑張った利回
り」を提示しており、一般向けの商品の条件の悪さを自覚する
上で参考になるが、やはり確定拠出年金としての運用対象には
ならない。

　リスク資産に投資する「投資信託等」の選択肢は玉石混淆だ。

　㉕、㉖、㉗の3本のアクティブ・ファンドは、運用管理手数
料が高くて不適当な、いわば**「地雷」**のような商品である。ア
クティブ運用の内容を評価出来るような投資教育など提供出来
るはずがないし、確定拠出年金の事務局が将来の運用成績が良
いアクティブ・ファンドを責任を持って選ぶことなど出来ない
のだから、このような商品をラインナップすることは不適切だ。

　さて、このラインナップの中で、第一番目に検討すべき運用
選択肢は、㉒の信託銀行Cによる外国株式（先進国）のインデ

第4章 ● 確定拠出年金を「合理的」に使いこなそう　**107**

図表4-2 ● A社の確定拠出年金の運用商品ラインナップ

種類		運用会社	運用管理手数料（税込）	商品内容・運用対象
投資信託等	バランス型	①信託銀行C	0.1350%	国内・海外（先進国）の債券・株式 株式の基本配分比率：30%
		②大手運用会社B	0.2646%	国内・海外（先進国・新興国）の債券・株式 国内・海外のREIT
		③証券系運用会社B	0.7344%以内	国内債券中心（日本国債の比率は原則80%）
		④生保系運用会社A	0.7020%	国内債券中心（円金利資産の比率70％以上）
		⑤信託銀行C	0.1404%	国内・海外（先進国）の債券・株式 株式の基本配分比率：50%
		⑥信託銀行C	0.1404%	国内・海外（先進国）の債券・株式 株式の基本配分比率：70%

種類		運用会社	適用金利	商品内容
元本確保型	定期預金	⑦銀行A	0.225%	1年満期　固定金利
		⑧銀行B	0.230%	3年満期　固定金利
		⑨銀行C	0.030%	3年満期　固定金利
		⑩系統機関A	0.160%	5年満期　固定金利
		⑪信託銀行B	0.055%	5年満期　変動金利
	生命保険	⑫生命保険会社A	0.175%	保証期間5年　中途解約時も元本が確保される　デフォルト商品　終身年金選択可
		⑬生命保険会社B	0.150%	保証期間5年　終身年金選択可
		⑭生命保険会社B	0.475%	保証期間10年　終身年金選択可
		⑮生命保険会社A	0.700%	保証期間20年　終身年金選択可
	損害保険	⑯損害保険会社B	0.040%	保証期間5年　中途解約時も元本が確保される
		⑰損害保険会社A	0.475%	保証期間10年　中途解約時に結果的に元本を下回る可能性あり

種類		運用会社	運用管理手数料（税込）	商品内容・運用対象
投資信託等	債券・株式	⑱信託銀行C	0.0918%	インデックス・ファンド／国内債券
		⑲信託銀行C	0.1242%	インデックス・ファンド／国内株式
		⑳信託銀行C	0.1296%	インデックス・ファンド／海外（先進国）債券
		㉑銀行系運用会社A	0.5616%	インデックス・ファンド／海外（新興国）債券
		㉒信託銀行C	0.1404%	インデックス・ファンド／海外（先進国）株式
		㉓銀行系運用会社A	0.5940%	インデックス・ファンド／海外（新興国）株式
		㉔大手運用会社B	0.702%以内	アクティブ・ファンド／国内債券
		㉕銀行系運用会社C	1.8360%	アクティブ・ファンド／国内株式
		㉖大手運用会社B	0.9180%	アクティブ・ファンド／海外（先進国）債券
		㉗生保系運用会社D	1.9440%	アクティブ・ファンド／海外株式（日本を除く世界各国）
	REIT	㉘銀行系運用会社C	0.5400%	インデックス・ファンド／国内REIT
		㉙証券系運用会社A	1.0260%	アクティブ・ファンド／国内REIT
	その他	㉚証券系運用会社A	1.00286%以内	国内MMF（マネー・マネジメント・ファンド）

第4章 ● 確定拠出年金を「合理的」に使いこなそう　109

ックス・ファンドだ。運用管理手数料は年率0.1404％（税込）と、証券会社の一般向けの口座で購入出来る手数料が割安な商品よりも、0.1％程度低く設定されている。A社にお勤めの読者がいらっしゃるならば、確定拠出年金ではこの商品を選択すれば、だいたい正解となるだろう。

　⑲の信託銀行Cによる国内株式インデックス・ファンドも運用管理手数料が0.1242％（税込）と低めであり投資対象として検討する価値がある。運用資産の大半が確定拠出年金になっている方の場合、確定拠出年金の枠内で㉒と⑲に分散投資することが適当だ。

　一方、TOPIX連動型のETFの運用管理手数料が0.1％前後であることを考えると、NISA口座等、確定拠出年金の外に運用資金を持っている方の場合、確定拠出年金で㉒に投資して、外の資産でTOPIX連動型ETFを持つ組み合わせが最適になるだろう。

　この他に、㉓の銀行系運用会社Aが運用する新興国株式に投資するファンドが運用管理手数料0.594％（税込）と「まあまあ」なので、新興国に魅力を感じる方は、資金の一部をこの商品に投じてもいい。但し、新興国株式は先進国株式よりもリスクが大きいので、十分検討して納得した上で投資すべきだ。個人が上手く出来るか否かに問題があるが、投資タイミングの判断が重要だ。また、一般向けの投資信託やETFで新興国株式に投資する商品の中にはこれよりも運用管理手数料の安いものがある。

この他、不動産に特に魅力を感じる方は、㉘銀行系運用会社Cの国内REITインデックス・ファンドが運用管理手数料0.54％とこちらも「まあまあ」の水準にあるので、資金の一部で投資してもいいだろう。確定拠出年金の場合、スイッチングが出来るので、NISAで投資するよりも、不動産投資のリスクから抜け易い面がある。

　この他、⑱信託銀行Cの国内債券インデックス・ファンド、⑳先進国債券インデックス・ファンドが、将来、内外の債券利回り水準が上がった時（国内債券なら2％以上に上がった時）に投資を検討する対象になり得る。

　大目に見ても、A社の確定拠出年金の商品ラインナップの中には、運用選択肢として検討対象になり得る商品が少ないし、加入者が不適切な商品に投資するリスクが相当にある。制度の提供者としては、周到な投資教育を責任を持って提供する必要があるだろう（運営管理機関や運用会社に担当させるのではいけないことは言うまでもない）。

　なお、ラインナップの一覧表の上には、「みなさんの運用目標利回りは2.0％（年利）です。」と大きく書いてあった。制度を導入する際に、2.0％程度の利回りで説明を行ったのだろう。加入者が元本確保型の商品で運用した場合には、この利回りには全く届かないので、「元本確保型」だけで運用して欲しくないという事務局の願いが込められているのかもしれない。

　但し、確定拠出年金の中で「2.0％」を目指すのが多くの加入者にとって適切だとは限らない。運用は確定拠出年金の中だ

第4章 ● 確定拠出年金を「合理的」に使いこなそう　　111

けで考えるべきものではなく、自分の運用資産全体の最適化を
考えるべきだし、個人にとって最適な運用リスク水準は一人ひ
とりで異なる。率直にいって、先ずはA社の事務局に対して投
資教育が必要だとの印象を持つ。

２ B社の場合

　次に大手電機メーカーB社のラインナップを見てみよう（**図
表4-3**）。元本確保型の商品が7本、投資信託が10本と計17
本あり、選択肢としては平均的な数だ。もちろん、平均的であ
ることが必ずしもよい訳ではない。加入者が判断に迷う程度に
は十分に多いし、B社のラインナップにも「**地雷**」が含まれて
いる。

　A社のラインナップと比較すると、商品選択肢の数が少ない
点はよいのだが、現実の選択肢となり得るインデックス・ファ
ンドの運用管理手数料が少しずつ高い点でB社は劣る。正しい
運用商品を選択する能力がある加入者にとっては、差は僅かだ
がA社のラインナップの方がいいと言える。

　さて、B社にお勤めの読者がいたら、やはりここでも、⑬の
銀行系運用会社Bによる外国株式のインデックス・ファンドか
ら検討するのがいいだろう。運用管理手数料は、A社のライン
ナップにあったものよりは少し高いが、年率0.1728％（税込）
と、一般に購入するよりも低く設定されている。

112

図表 4-3 ● B社の確定拠出年金の運用商品ラインナップ

種類		運用会社	適用金利 (調査日時点)	商品内容
元本確保型	定期預金	①信託銀行B	0.055%	5年満期　変動金利
		②銀行B	0.080%	3年満期　固定金利
		③系統機関A	0.150%	5年満期　固定金利
	生命保険	④生命保険会社A	0.125%	保証期間5年　終身年金選択可
		⑤生命保険会社A	0.275%	保証期間10年　終身年金選択可
	損害保険	⑥損害保険会社B	0.040%	保証期間5年　中途解約時も元本が確保される
		⑦損害保険会社A	0.306%	保証期間10年　中途解約時に結果的に元本を下回る可能性あり

種類		運用会社	運用管理手数料 (税込)	商品内容・運用対象
投資信託等	債券・株式	⑧信託銀行系 運用会社B	0.11880%	インデックス・ファンド／国内債券
		⑨銀行系運用会社B	0.17280%	インデックス・ファンド／外国債券
		⑩証券系運用会社C	0.18252%	インデックス・ファンド／国内株式
		⑪生保系運用会社A	1.08000%	アクティブ・ファンド／国内株式
		⑫外資系運用会社D	1.65240%	アクティブ・ファンド／国内株式
		⑬銀行系運用会社B	0.17280%	インデックス・ファンド／外国株式

種類		運用会社	運用管理手数料 (税込)	商品内容・運用対象
投資信託等	バランス型	⑭証券系運用会社A	0.2376%	国内・海外の債券・株式 基本配分比率：国内株式20％、外国株式10％、国内債券55％、外国債券15％
		⑮証券系運用会社A	0.2484%	国内・海外の債券・株式 基本配分比率：国内株式30％、外国株式20％、国内債券40％、外国債券10％
		⑯証券系運用会社A	0.2592%	国内・海外の債券・株式 基本配分比率：国内株式45％、外国株式25％、国内債券20％、外国債券10％
		⑰信託銀行系 運用会社B	1.2960%	国内・海外（新興国含む）の債券・株式、国内・海外のREIT、商品投資、ヘッジファンド

全体の運用資産がまだ少なく、国内株式を確定拠出年金でも運用するという人は、国内株式の運用商品には、運用管理手数料が年率0.18252％（税込）の⑩証券系運用会社Cによる国内株式インデックス・ファンドを一緒に組み合わせるといいだろう。もっとも、国内株式のインデックス・ファンドは確定拠出年金以外の口座でETFを買う方が運用管理手数料が安いので、運用資金を増やして確定拠出年金で外国株式インデックス・ファンド、NISAで国内株式ETFといった組み合わせになるべく早く持っていきたいところだ。

　これら2つの運用商品を選択する限りにおいて、B社のラインナップはまずまず優れているといっていいだろう。

　しかし、以上をもって、B社の確定拠出年金の商品ラインナップ全体を褒める訳にはいかない。上記以外の選択肢には大きな問題がある。

　B社のラインナップを更にみていくと、運用管理手数料が年率1％を超える「地雷」が複数ある。更に、投資信託の商品10本のうち4本がバランス・ファンドである点も拙い。

　⑫の外資系運用会社Dのアクティブ・ファンドは、これを選ぶ方が悪いのだが、1.6524％（税込）と一般向けの投資信託の運用管理手数料と変わらない高水準の運用管理手数料だ。「外資系」の有名運用会社の商品であることを有り難がって選んでしまう加入者がいるのではないかと心配だ。

　⑪の生保系運用会社Aの国内株式アクティブ・ファンドも、⑫よりもましであるが、運用管理手数料が高い（税込1.08％）。

114

ところで、このＢ社が加入者に提供する投資教育では、⑪と⑫の運用内容、期待されるリターン、手数料などの差を加入者にどう説明しているのだろうか。加入者の判断に十分な情報提供がなされているとは、到底思えない。

　本書で繰り返し説明しているようにバランス・ファンドは確定拠出年金での運用対象として不適当な場合が多い。中でも、⑰の信託銀行系運用会社Ｂのファンドは運用管理手数料が年率1.296％（税込）と１％を超える高さであり、これだけで「完全にダメ」と判断してよいが、国内・海外（新興国含む）の債券・株式と国内・海外のREIT（不動産投資信託）、商品投資、ヘッジファンドに投資するという大変複雑な商品だ。

　果たして内容を十分理解した上で投資する加入者がいるのだろうか。

　証券系運用会社Ａのバランス・ファンド３本は株式比率を概ね⑭が30％、⑮が50％、⑯が70％と設定したローリスク、ミドルリスク、ハイリスクの３タイプのラインナップだが、リスクの大きさを漠然と選ばせるのでは不十分だ。また、運用管理手数料は、⑰よりも大幅にましではあるが、個々の資産に投資するファンドを個別に組み合わせる方が安く付くことが、Ｂ社の商品ラインナップの中だけでも確認出来る。

　Ｂ社の確定拠出年金のラインナップは、Ａ社同様に、運用の原則と確定拠出年金の正しい活用法を共に理解している加入者にとっては、運用したいと思える商品がある「分かっている人には一応使える」内容とはなっている。

しかし、大多数の加入者にとって、間違った選択をしてしまう余地がたっぷりある内容である。改善の余地は大いにある。

③ C 社の場合

C社は、業種的にはB社のライバルだが、日本を代表するグローバル企業だ。そのせいなのかどうかは分からないが、他の会社よりも元本確保型商品の比率が低く、内外の株式や外国債券に投資する投資信託など、リスクを取った運用商品の比率が大きい。また、何よりもラインナップはほぼ必要最低限の数に抑えられ、その内容をみても、非常に「素晴らしい」と評価していいものだ。運用選択肢の総数は11本に絞り込まれている（**図表4-4**）。

C社のラインナップの特徴として、リスク資産に関しては、（1）必要な選択肢が全てあり、（2）概ね運用手数料が安価で、（3）余計な選択肢が少ない、ことの3点が挙げられ、大変好ましい。厳密には、バランス・ファンド2本が余計だと思うが、満点に近いと評価出来るラインナップだ。C社グループの社員は、同社の確定拠出年金の事務局に感謝すべきだろう。

特に、手数料の高いアクティブ・ファンドが一切無いのは潔いし、加入者が迷わずに済む。もちろん、実施可能な投資教育とのバランスの点でも良心的だ。

運用管理手数料は、最大でも年率で0.6％を超えるような商

図表4-4 ● C社の確定拠出年金の運用商品ラインナップ

種類		運用会社	運用管理手数料（税込）	商品内容・運用対象
投資信託等	債券・株式	①信託銀行系運用会社B	0.1050%	インデックス・ファンド／国内債券
		②信託銀行系運用会社B	0.1680%	インデックス・ファンド／国内株式
		③信託銀行系運用会社B	0.1575%	インデックス・ファンド／外国債券
		④信託銀行系運用会社B	0.1680%	インデックス・ファンド／外国株式
		⑤銀行系運用会社A	0.5460%	インデックス・ファンド／新興国債券
		⑥銀行系運用会社A	0.5775%	インデックス・ファンド／新興国株式
	バランス型	⑦信託銀行系運用会社B	0.5250%	国内・海外（新興国含む）の債券・株式 基本配分比率：株式50%、債券50%
		⑧信託銀行系運用会社B	0.1785%	国内・海外の債券・株式 基本配分比率：国内株式20%、外国株式10%、国内債券60%、外国債券10%
	MMF	⑨証券系運用会社A	0.0180%	MMF（※運用管理手数料は調査日時点）

種類	運用会社		商品内容
元本確保型	⑩大手銀行B		3年満期　固定金利
	⑪大手生命保険会社A		保証期間10年　終身年金選択可

品が一つもなく、概ねよく抑えられている。リスク資産の選択肢の運用スタイルは全てインデックス・ファンドで構成されている。敢えて言うと、共に銀行系運用会社Bの、②国内株式のインデックス・ファンドと⑦のバランス・ファンドの運用管理

手数料の水準がやや高い。

　最初に注目すべきは、やはり④の銀行系運用会社Bの外国株式インデックス・ファンドだろう。このファンドの運用管理手数料率は0.168％（税込）と十分安い。C社の社員も、主にこの商品から検討するのがいいだろう。

　C社の確定拠出年金の事務局は、大変社員思いであり、高い見識と信念に基づいて同制度を導入したと推察する。取引金融機関から、様々な誘惑や交渉があったかもしれないことを思うと大変立派だ。

Textbook of Defined Contribution Plan

個人型の商品ラインナップは
運営管理機関によって異なる

　次に、個人型確定拠出年金のラインナップを見てみよう。個人型の場合、**運営管理機関**を選ぶところから自分で行うので、運営管理機関の選択自体が商品選択の一部だ。複数の運営管理機関を比較して決定したい。

　本書では、生保系のD社と証券系のE社を取り上げてみる。

④運営管理機関D社の場合

　D社は、大手生保系の個人型確定拠出年金運営管理機関だ。商品選択肢は調査時点で18あるが（次ジ**図表4-5**）、率直に言って、魅力的な商品が少ないし、幾つもの「**地雷**」がある。

　元本確保型商品は、親会社の生命保険商品が強調されていて、これにメガバンク2行の3年定期が加えられている。生命保険商品の利率は、確定拠出年金以外の一般向け定期預金の金利と比較するとやや良いが、確定拠出年金の運用益途中非課税の性

第4章 ● 確定拠出年金を「合理的」に使いこなそう　**119**

図表4-5 ● D社の確定拠出年金の運用商品ラインナップ

種類		運用会社	適用金利 (調査日時点)	商品内容
元本確保型	生命保険	①生命保険会社A	0.075%	保証期間5年　中途解約時も元本が確保される
		②生命保険会社A	0.125%	保証期間5年　終身年金選択可
		③生命保険会社A	0.275%	保証期間10年　終身年金選択可
	定期預金	④銀行A	0.030%	3年満期　固定金利
		⑤銀行B	0.030%	3年満期　固定金利

種類		運用会社	運用管理手数料 (税込)	商品内容・運用対象
投資信託等	バランス型	⑥生保系運用会社A	1.1880%	国内・海外の債券・株式 基本配分比率：国内外株式30%、国内外債券など70%
		⑦生保系運用会社A	1.4040%	国内・海外の債券・株式 基本配分比率：国内外株式50%、国内外債券など50%
		⑧生保系運用会社A	1.6200%	国内・海外の債券・株式 基本配分比率：国内外株式70%、国内外債券など30%
		⑨生保系運用会社A	0.7020%	国内・海外の株式・公社債 「インカム収益を主体とした安定的な収益を追求する」
	国内債券・株式	⑩生保系運用会社A	0.4320%	インデックス・ファンド／国内債券
		⑪生保系運用会社A	0.8100%	アクティブ・ファンド／国内債券
		⑫生保系運用会社A	0.5400%	インデックス・ファンド／国内株式
		⑬生保系運用会社A	1.0800%	アクティブ・ファンド／国内株式
		⑭外資系運用会社D	1.6524%	アクティブ・ファンド／国内株式
	海外債券・株式	⑮生保系運用会社A	1.5120%	アクティブ・ファンド／海外（日本を除く主要国）債券
		⑯外資系運用会社E	1.1340%	アクティブ・ファンド／海外（日本を含む各国）債券
		⑰外資系運用会社F	1.0260%	インデックス・ファンド／海外（日本を除く先進国）株式
		⑱生保系運用会社A	1.9440%	アクティブ・ファンド／海外（日本を除く先進国）株式

質を考えると、何れも魅力的な選択肢とは言い難い。

　リスク商品は、系列の生保系運用会社のものが多いが、企業型のラインナップと比較すると全般に運用管理手数料が高い。企業型の確定拠出年金の場合、事務局にそれなりの意識があれば、加入員のため、金融機関に対して交渉を行うし、金融機関同士を競争させる場合があるので、低廉な運用管理手数料の商品がラインナップされ易いといった背景があるからだ。

　⑰外資系運用会社Fが運用する外国株式のインデックス・ファンドは、運用管理手数料が1.026％（税込）と随分高い。別の会社が運用するインデックス・ファンドの運用管理手数料の水準を考えると、目を疑うような高さだ。⑫の生保系運用会社A社の国内株式インデックス・ファンドは0.54％（税込）と、これら18本の中では相対的にましだが、企業型の確定拠出年金、或いは一般に買うことが出来るTOPIX連動型のETFや、ノーロード（販売手数料無料）のインデックス・ファンドと比べても高い。

　「地雷」を指摘しておこう。⑪は、国内債券を投資対象とするファンドで0.81％（税込）も運用管理手数料を取ると、期待リターンが果たしてプラスになるのか疑わしい。⑭は、企業型のB社のラインナップにもあった外資系運用会社Dのアクティブ・ファンドだが、ここにも顔を出している。運用管理手数料が1.6524％（税込）と話にならないほど高いので選ばない方がいい。⑮生保系運用会社A社の海外債券ファンドも債券運用で1.512％（税込）の運用管理手数料は高すぎる。

第4章 ● 確定拠出年金を「合理的」に使いこなそう　121

おそらく、個人型確定拠出年金のシステム投資等のコストを回収するために、このような手数料設定になっているのだろうが、率直に言って運営管理機関D社のラインナップに魅力的な商品はない。個人型確定拠出年金として、利用出来るのがこの会社だけであれば、主に所得控除の魅力があるので、仕方なくこの会社を選んで個人型確定拠出年金に加入することが合理的な人が多かろうが、個人型の運営管理機関は加入者が自分で選ぶことが出来るのだから、別の運営管理機関を探す方がいい。D社は運営管理機関としてトータルで見て「地雷」だと言っていいだろう。

⑤ 運営管理機関E社の場合

最後に取り上げるE社は、証券系の運営管理機関だ。

こちらは、④ターゲット・イヤー型ファンド4本を一つにまとめても25本もの運用選択肢があり（124ﾟ**図表4-6**）、ラインナップとしては「**あれも・これも型**」といえるが、中には、投資してもいいと思えるファンドがあるので、D社よりもこちらの会社のラインナップの方が好ましい。

もっとも、少なからぬ「**地雷**」があるので、商品選択は慎重に行いたい。

証券系ということもあってか、E社のラインナップでは、元本確保型商品には力が入っていない。そして、その事自体は、

122

利用者にとって大きな問題ではない。但し、①の地方銀行Dの1年定期がデフォルト商品なので、何も指示しないとこの商品になってしまう点には注意が必要だ。

ターゲット・イヤー型ファンドも含めて複数のバランス・ファンドがあるが、何れも選ぶに値しない。特に㉑は運用管理手数料が1.188％（税込）もある「地雷」だし、④ターゲット・イヤー型ファンドも0.7％台（税込）の運用管理手数料であり、次に挙げるようなファンドを個別に組み合わせるよりも明らかに高く付くので選ばない方がいい。

一方、第一に注目すべき外国株式のインデックス・ファンドは運用管理手数料が低いファンドの選択肢が充実している。ネット証券系の運用会社が運用する外国株式のインデックス・ファンド2本はそれぞれ先進国（⑫）と新興国（⑬）の株価指数に連動するファンドで、国内外中小型株式のインデックス・ファンド（⑭）も外国の中小型株が大半である。

特別な好みや考えがあるのでなければ、⑫の先進国株式のインデックス・ファンドだけを利用するので十分だが、新興国や海外の中小型株に興味があれば、これらに連動する商品を運用管理手数料が低廉なので、少し加えてみてもいい。

国内株式のインデックス・ファンドには少々注意が必要だ。ポピュラーな株価指数である**日経平均**（⑤と⑥）、TOPIX（⑦）に連動するインデックス・ファンドの運用管理手数料が、インデックス・ファンドとして選びたくないと思えるくらい高い。一方、ネット証券系の運用会社が運用する国内株式インデ

図表4-6 ● E社の確定拠出年金の運用商品ラインナップ

種類		運用会社	適用金利 (調査日時点)	商品内容
元本確保型	定期	①地方銀行D	0.025%	1年満期　固定金利 ※デフォルト商品
	生命保険	②生命保険会社C	0.015%	保証期間5年
		③生命保険会社B	0.150%	保証期間5年　終身年金選択可

種類		運用会社	運用管理 手数料 (税込)	商品内容・運用対象
投資信託等	バランス型1	④ネット証券系 運用会社A	0.7070%	ターゲット・イヤー型ファンド。 ターゲット年 (2025年、2035年、2045年、 2055年) 毎に4種類設定
			0.7247%	
			0.7375%	
			0.7009%	
	債券・株式	⑤生保系運用会社D	0.5400%	インデックス・ファンド／国内株式 日経平均連動
		⑥大手運用会社B	0.8640%	インデックス・ファンド／国内株式 日経平均連動
		⑦銀行系運用会社C	0.7020%	インデックス・ファンド／国内株式 TOPIX連動
		⑧ネット証券系 運用会社A	0.2592%	インデックス・ファンド／国内株式 TOPIX100連動
		⑨外資系運用会社D	1.6524%	アクティブ・ファンド／国内株式
		⑩銀行系運用会社B	1.4040%	アクティブ・ファンド／国内株式
		⑪信託銀行系 運用会社B	1.5336%	アクティブ・ファンド／国内株式 ※社会的責任投資
		⑫ネット証券系 運用会社A	0.3584%	インデックス・ファンド／海外 (先進国) 株式　MSCI-KOKUSAI連動
		⑬ネット証券系 運用会社A	0.4084%	インデックス・ファンド／海外 (新興国) 株式　FTSE・エマージング・インデックス 連動
		⑭ネット証券系 運用会社A	0.5164%	インデックス・ファンド／海外 (日本を含む) 中小型株式　MSCI-ACWI連動
		⑮信託銀行系 運用会社B	0.8640%	インデックス・ファンド／海外株式 MSCI-KOKUSAI連動
		⑯外資系運用会社G	2.0304%	アクティブ・ファンド／海外 (BRICs) 株式

種類		運用会社	運用管理手数料（税込）	商品内容・運用対象
投資信託等	債券・株式	⑰証券系運用会社A	0.5940%	アクティブ・ファンド／国内債券
		⑱ネット証券系運用会社A	0.4364%	インデックス・ファンド／先進国（日本含む）債券　シティグループ世界BIG債券インデックス連動
		⑲証券系運用会社A	0.5940%	インデックス・ファンド／海外債券
		⑳銀行系運用会社A	1.3500%	アクティブ・ファンド／先進国（日本を含む）債券
	バランス型2	㉑生保系運用会社A	1.1880%	国内・海外の債券・株式 基本配分比率：国内株式20%、外国株式10%、国内債券55%、外国債券10%、短期金融資産5%
		㉒信託銀行系運用会社B	0.7344%	国内・海外の債券・株式・REIT 基本配分比率：国内株式20%、外国株式20%、国内債券20%、外国債券20%、国内REIT10%、海外REIT10%
	その他	㉓ネット証券系運用会社A	0.3984%	インデックス・ファンド／国内・海外のREIT
		㉔銀行系運用会社C	1.0800%	アクティブ・ファンド／国内REIT
		㉕証券系運用会社B	1.1124%	インデックス・ファンド／世界商品投資

ックス・ファンド（⑧）は、時価総額の大きな株式で構成されるＴＯＰＩＸ１００という株価指数に連動するもので、TOPIXにかなり近いと考えてもいいが、大型株に偏りがある。

　Ｅ社の場合、もともと運用管理手数料が高い商品のラインナップがあり、後から低廉な運用管理手数料のインデックス・フ

ァンドが追加された経緯があって、現在このようなラインナップになっていると推測される。

　一般的な個人型確定拠出年金の利用にあって、毎月6万8000円迄掛け金を積むことが出来る自営業の場合を除き、毎月2万3000円迄の厚生年金加入者の場合、利用残高が急には大きくならない。E社のラインナップを選ぶ加入者は、大半が、⑫の海外先進国株式に投資するインデックス・ファンドを選び、国内株式については、NISA口座等、確定拠出年金以外の口座で投資することが最適な運用になるだろう。

　E社のラインナップは、効率的な利用方法を知っている人にとっては好ましい商品選択肢がある点で、「使える」という程度には評価に値する。

Textbook of Defined Contribution Plan

NISA、課税口座との使い分け

　さて、確定拠出年金もNISAも、「運用益非課税」というメリットを最大限に活かすためには、自分の運用全体の中で期待リターンが高い資産を集中的に割り当てるべきだ、ということは既に述べた。

　確定拠出年金は、利用出来る商品ラインナップによって利用価値に大きな差があるが、運用対象のスイッチングが出来る点で、運用内容上は、NISAよりも柔軟性がある。

　但し、原則として60歳迄引き出すことが出来ないので、急にお金が必要になったときに、確定拠出年金にしか金融資産がないという状態はまずい。また、NISAの方が広い範囲の商品の中から運用対象を選ぶことが出来る。

　どちらも同じく課税の面で優遇された制度ではあるが、その性質や使い勝手が幾分異なるので、それぞれの特色に合わせた利用方法を知っておきたい（次ページ **図表4-7** 参照）。

　例えば、確定拠出年金とNISAの両方を利用出来る人は、これらの制度を使って、どのように運用すべきだろうか。確定拠

図表4-7 ● 確定拠出年金とNISAの制度上の違い

	確定拠出年金	NISA
商品の変更・入替え	○ 可能	△ 出来ない(一度売却したら、その枠への再投資は出来ない)
売却・換金のし易さ	△ 原則60歳になる迄引き出せない	○ いつでも売却可能
運用商品の選択肢	△ 選べる商品が限られている ○ 外国株式のインデックス・ファンドで、一般よりも手数料が安い事がある	○ 一般に売られている商品から幅広く選択出来る ○ 手数料の安いETFを選択出来る
拠出金額	○ 長期的には、大きな金額で運用出来る	△ 確定拠出年金に比べて少額(年間1人120万円×5年)
加入条件	△ 加入条件があり、現制度では加入出来ない人もいる	○ 国内在住の20歳以上であれば、誰でも加入出来る
売買時以外での手数料	△ 加入時や運用期間中等に手数料が掛かる	○ 口座開設・維持は無料

出年金とNISA、更に一般の課税口座を、それぞれをどう使い分けるかについてご説明しよう。

NISAには途中売却したくならない商品を

両者の使い分けを考える上では、一つには、確定拠出年金はスイッチングが可能で、NISAは資産を売却してしまうとその金額だけ非課税枠から外れることの差が重要だ。

もう一つ、確定拠出年金では、一般向けに売られている商品よりも運用手数料の安い商品が運用選択肢の中に用意されている場合があること、NISAでは個別の上場株式から公募の株式投資信託の大半を含む広い範囲の投資選択肢があることが特徴的だ。

先にも説明したように、確定拠出年金を外国株の運用に振り向けることで、運用に掛かるトータルなコストを抑制出来ることが多い。また、NISAでは、出来るだけ途中で売却したくならないような、分散投資が行き届いた安定性のある運用対象がいい事と、手数料が安いETFを利用出来ることからTOPIX連動型のETFがベストな運用選択肢になることが多い。

ポイントは、全体を最適にしながら、確定拠出年金とNISAに、全体の中の一部の役割を割り当てて考えるなかで、ベストなバランスと手数料の損得を考えることだ。

多くの場合、資産の入替えが不便なNISAから、手数料の安い運用商品で順番に埋めていくと正解に早く近づく。実際の手

順については、**図表4-8**を参考にして欲しい。

　繰り返しになるが、確定拠出年金のラインナップに手数料の安い外国株式のインデックス・ファンドがある場合、確定拠出年金には外国株式のインデックス・ファンド（株価指数はMSCI－KOKUSAI等）を割り当て、NISAでは、TOPIXに連動するETFを運用することが、ベストの選択肢になる可能性が大きい。

　いずれにしても、全体の運用の中では株式や投資信託を運用しているのに、確定拠出年金で元本確保型の商品に資金配分している、というようなチグハグな運用は合理的ではない。

　なお、少額で、或いは確定拠出年金だけで自分の資産運用を行っているという人は、TOPIX連動型のインデックス・ファンドと、先進国株式のインデックス・ファンドを概ね半々の割合で買うのが無難だ。この組み合わせからスタートして、徐々に運用資産を育てていくといい。

図表4-8 ● 運用商品の割り当て方

● 前提条件

①確定拠出年金… 400万円
②NISA ………… 120万円
③全体の運用計画（リスク資産）
　┌ 国内株式…… 300万円
　└ 外国株式…… 300万円

● まず、NISAに割り当てる
・TOPIX連動型ETF…120万円

● 次に、確定拠出年金に割り当てる
・外国株式インデックス・ファンド
　…300万円
・国内株式インデックス・ファンド
　…100万円

● 残りを、一般の口座で運用する
・TOPIX連動型ETF…80万円

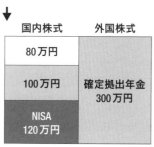

Textbook of Defined Contribution Plan

個人の運用構築の例

　複数の金融商品を組み合わせた運用資産全体を「**ポートフォリオ**」と呼ぶ。以下、実際に2つのポートフォリオを考えてみた。経済的な事情や運用とリスクに対する考え方は人によって異なるため、現実には、最適となるポートフォリオは一人ひとり異なる。但し、異なるのはリスクテイクの大きさであって、選ぶべき運用商品は基本的には誰でも同じだ。一人ひとりの事情（年齢、財産額、運用経験など）によって最適な運用商品が変わるというのは、運用商品の売り手側が商品を売るために流している「作り話」だと考えておくといい。

　さて、そこで、比較的一般に見受けられる投資家のイメージを2種類に分け、それぞれにとって最適解となるポートフォリオの考え方を紹介しようと思う。

　両者共にNISA口座を開いており、リスク資産に幾らまで投資するか、且つアセットクラス毎にどんな運用商品を幾ら運用するかを、事前に決めているとしよう。それぞれの場合に、それらの運用商品を、「どこ」で運用するのがいいかを見てみる。

〔ポートフォリオA〕 中堅サラリーマンを想定

　1人目は、資産が総額で1600万円程度と比較的潤沢にあり、確定拠出年金もNISAも、自分の運用全体の中の一部分であるという人を想定する。

経済状況

金融資産　1600万円

企業型確定拠出年金の残高　500万円

NISAは今年申し込む　120万円

「リスク資産と無リスク資産は半々くらいで運用したい」

アセット・アロケーションと商品選択

無リスク資産　800万円…銀行預金、MRF、個人向け国債等

リスク資産　400万円…国内株式のインデックス・ファンド

　　　　　　　400万円…外国株式のインデックス・ファンド

　このサラリーマンが運用を始めるとするなら、最適な運用商品の選択と、運用商品の「置き場所」は次の**図表4-9**の通りだ。

・考え方

　無リスク資産800万円は、銀行や証券会社等の通常の課税口座で運用するといい。本書執筆時点であれば、例えば、500万

第4章 ● 確定拠出年金を「合理的」に使いこなそう　**133**

図表 4-9 ● ポートフォリオ A の最適解

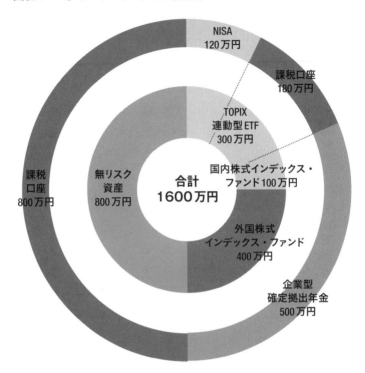

円が「個人向け国債・変動10」で、300万円は銀行の普通預金といった形が考えられる。

ここで、確定拠出年金のラインナップに、一般に販売されているよりも手数料の安い外国株式のインデックス・ファンドがあるとしよう。その場合、外国株式のインデックス・ファンド

400万円分は、全額を確定拠出年金で運用したい。

そして、NISAの120万円の枠は全額、国内株式のインデックス・ファンド、それもTOPIX連動型ETFを割り当てる。確定拠出年金の枠の残り100万円分で国内株式のインデックス・ファンドを割り当てると、国内株式のインデックス・ファンド180万円分が残る。この残った分を、一般の課税口座で運用する、といった配分にすると、節税メリットが最大限に生かされ、手数料が最小化されて、全体が最適化される。

確定拠出年金によほどメリットのある商品があれば、そちらを優先して決めてもよいが、通常はスイッチングが出来ず途中売却が不利になるNISAの内容を先に決めて、これとのバランスを考えて確定拠出年金に何を割り当てるかを考えると上手くいく。

〔ポートフォリオB〕 若手フリーランスを想定

もう少し、金融資産の保有額が小さい、例えばフリーランスで仕事をしている若い人のような例を考えてみよう。こうした人にとっても確定拠出年金は「有利」であり、是非利用したい制度だ。また、フリーランスの場合、厚生年金に加入している会社員よりも将来への備えが手薄になり易いので、確定拠出年金を「なるべく大きく」使うことをお勧めしたい。

経済状況

金融資産　240万円

個人型確定拠出年金の残高　80万円

NISAはこれから口座開設　120万円

「現在健康で、扶養家族なし。稼ぎは順調にあり、リスク資産の比率は高くてもよい」

アセット・アロケーションと商品選択

無リスク資産　40万円…銀行預金

リスク資産　100万円…国内株式のインデックス・ファンド

　　　　　　100万円…外国株式のインデックス・ファンド

・**考え方**

　若くて（今後働ける期間が長い）、ある程度健康に自信があり（「人的資本」が大きい。つまり運用で損をしても余裕がある）、安定した仕事があって扶養家族もなく、出費もあまり大きくはないという場合、リスク資産の比率を、50％よりももっと大きくしても構わないと思う人がいるだろう。

　その場合でも、基本となる考え方は、先のポートフォリオＡと同じだ。

　リスク資産のうち、国内株式のインデックス・ファンドの分は全額NISAで運用する。NISAの場合、確定拠出年金と違っ

図表4-10 ● ポートフォリオBの最適解

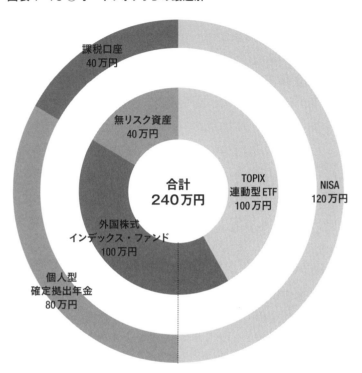

てTOPIX連動型ETFを選ぶことが出来るのが重要なポイントだ。

NISA枠の残り20万円と、個人型の確定拠出年金残高80万円で外国株式のインデックス・ファンドを購入するといい(**図表4-10**)。

無リスク資産40万円は、生活費用の残高を維持して借金しないために銀行の普通預金に置いておくことでいいだろう。超低金利の現在、他の確定利回り商品の利回りが下ったので（経済学的には「機会費用」が小さくなったので）普通預金にお金を置くことは、通常よりも「もったいなくない」と言える。

　こうして見ていくと、アセットクラス毎に資産配分を考えることによって、確定拠出年金やNISAにそれぞれ最適な運用商品を割り当てることが可能になる、ということが分かる。
　バランス・ファンドの出る幕がないことは、ここでも一目瞭然だ。
　また、金融資産が先の例と同じく1600万円であっても、「リスク資産はもっと多く、1500万円は投資したい」というのであれば、国内外のインデックス・ファンドにそれぞれ700万〜800万円ずつ割り振って、確定拠出年金は全額を外国株式のインデックス・ファンドに、NISAは全額をTOPIX連動型ETFに割り当て、残りについて課税口座でそれぞれ外国株式のインデックス・ファンドとTOPIX連動型ETFを購入すればいい。
　他の企業年金から年金資産を移換した人は、最初からこのくらいの金額を確定拠出年金の残高として持っているケースが珍しくないが、確定拠出年金を始めたばかりでまだ残高があまりないというケースもあるだろう。その場合は、先ずは確定拠出年金以外の口座で、該当するファンドを買っておいて、徐々に切り替えていくというやり方が考えられる。

138

いずれにしても、この2つのポートフォリオはあくまで「例」だ。但し、基本となる考え方さえ理解しておけば、これらを参考に、ご自身に最適なポートフォリオを作ることは難しくあるまい。

　確定拠出年金に限らず、個人の資産運用は一般に、

（1）シンプルで、
（2）低コスト（手数料が安い）な商品を、
（3）自分で組合せる、

のが最良のやり方だ。投資の内容を把握し易いし、自分でコントロールすることが出来るし、最も低コストなやり方になることが多い。

　「高度な」と謳う運用サービスや、複雑な構造の運用商品に期待するのは賢いやり方ではない。しかも、運用の目的は誰でも「お金を増やすこと」なのだから、やり方は共通でよい。お金の運用は本来簡単な作業であることを分かって頂きたい。

第4章 ● 確定拠出年金を「合理的」に使いこなそう　139

第5章

確定拠出年金の諸手続について

Textbook of Defined Contribution Plan

●第5章のポイント

各種の手続は「自分で」行う

　第5章では、運用配分の変更、年金の受け取り方、各種の移換に伴う諸手続について説明する。**殆どの読者は、この章を飛ばして読み、必要な時に後から参照するといい。**

　多くの読者にとって、確定拠出年金を受け取るのはかなり先の事だろう。また、転職などで確定拠出年金を移換しなければならなくなるケースでは、その都度何をすべきか調べることで用が足りる。但し、放置はしない方がいい。

　確定拠出年金の受け取り方は、読者が加入している制度の規約と運営管理機関が何を用意しているかによって選択肢が異なる。受け取りの時期も、現行制度では最長満70歳になる迄これを延ばすことが出来る。基本的には「有利な運用」を金額においてだけでなく、時間においてもなるべく長く利用することが最適な選択になる場合が多いはずだが、受け取り方によって税金が変化するので、損得を総合的に判断して欲しい。

　企業間の転職では前後の企業がどのような年金制度を持っているかによってするべきことが異なるし、更に、個人型の確定

142

拠出年金も加えると、確定拠出年金に関する「移換」の手続は、章のタイトルに思わず「諸手続」と書いてしまったくらい複雑だ。手続は基本的に「申請主義」であり、自分で申請手続を行わなければ物事が進まない。一定以上の期間放置しておくと、「自動移換」が行われて、損をするだけの残念な状態に至る場合があるので注意したい。

　一部の手続は面倒で不便だが、本章に必要な手続を整理しておいた。読者は、転職でも起業でも、ためらうことなく人生の選択を行って欲しい。

Textbook of Defined Contribution Plan

運用内容を変更する

配分変更とスイッチング

運用内容を変更する方法には、「**配分変更**」と「**スイッチング**」の2種類がある。

「配分変更」では、加入時に届け出た、毎回の買い付け内容の比率を変更する。確定拠出年金の運用の指図は、掛け金の額と毎回の運用商品の購入配分を指示することで行う。仮に、1回の拠出金額が2万円で、定期預金等の元本確保型の商品と投資信託等のリスクを取った商品とを、それぞれ50％、1万円ずつ購入していたとする。この場合に、50％ずつの配分を変更して、例えば定期預金に30％、6000円、投資信託に70％、1万4000円といった具合に、購入する割合を変えることをいう。「配分変更」では、将来に亘る年金資産の購入内容を変更することになる。

一方、「スイッチング」では、既に購入して積み立ててある

144

年金資産の投資配分を変更する。ある商品を一部又は全部解約し、その売却代金で他の商品を購入することで、自分の現在時点での年金資産の投資先を変更する。定期預金を解約して投資信託を購入する、一つの投資信託を解約して別の投資信託を購入する、といった変更を行うのが「スイッチング」だ。

この「スイッチング」については、注意点が2つある。

確定拠出年金で投資信託を購入する場合、原則として販売手数料はかからない。しかし、中には、解約時に「**信託財産留保額**」と呼ばれるコストが差し引かれる商品がある。これは、解約に伴う投資信託内での売買コストが、その投資信託に留まる投資家だけの負担にならないようにするもので、解約して出て行く投資家から残る投資家に支払われるコストだ。

長期に投資信託を保有する投資家にはむしろ有利に働く仕組みであり、金融機関に支払われるその他の手数料と同様のマイナス要素として評価することは正しくない。

しかし頻繁なスイッチングでは、信託財産留保額を支払う側になることが増える。これが、注意点の1つめだ。なお、「配分変更」だけでは売却が発生しないため、このコストは発生しない。

注意点の2つめは、運営管理機関によって、一定期間にスイッチング出来る回数に制限を設けている場合があることだ。但し、最低でも3ヶ月に1回はスイッチングを認めるように法律で義務付けられている。

また、拠出する金額そのものの変更については、企業型では
それぞれの企業が定めた規約により、個人型では原則として、
1年度（4月から3月の間）につき1回、行うことが出来る。個
人型は、拠出限度額内であれば増額・減額のどちらも可能だ。
　更に言えば、失職やその他家計の経済的事情等によって、一
時的に拠出が困難になることがあるだろう。「年金」の性質上、
後述の脱退一時金をもらえる条件を満たしている場合を除き、
加入者の都合によって途中で止めることは出来ないが、「**加入
者資格喪失届**」を提出し、拠出を停止することは可能だ。
　拠出を停止した後は「**運用指図者**」となり、新たな拠出は出
来なくなるが、既に拠出した資産の運用指図を行うことは出来
る。拠出済みの年金資産が失われることはない。但し、その後
に再び拠出を始める場合には、改めて加入申出の手続が必要に
なる。また、本書執筆時点では、確定拠出年金の掛け金の前
納・後納は認められていない。

リバランスの考え方

　確定拠出年金に限らず、長期的な資金運用では、「国内株式」、
「外国株式」等アセットクラス毎の投資比率が当初のポートフ
ォリオから大きくずれた場合に、元の計画のウェイトに戻す
「**リバランス**」を行う方がいいといわれることが多い。
　仮に、全資産の50％を国内株式のインデックス・ファンド
に投資していた場合、国内株式の時価だけが約4割下がると、

146

他の資産を一定とした場合、国内株式への投資ウェイトは約37.5％に低下する（30割る80だ）。これを元の比率になるよう調整する行動が「リバランス」だ。オーバーウェイトになった資産を売却してアンダーウェイトになった資産に入れ替える。或いは、ウェイトが低下した国内株式を買い足しすることで元のウェイトに近づける。通常、これほどまでに大きく乖離する前に行うことが多い。

この「リバランス」を行うタイミングだが、数ヶ月に一度や年に一度といった定期的な間隔で機械的に行うことを勧めるアドバイスをしばしば見かけるが、これは必ずしも適切ではない。運用市場の状況は、大きく変わる時もあれば、そう変わらない時もある。リバランスは、必要に応じて随時行うという考え方が本来は正しい。現実には例えば、自分の運用資産は国内株式と外国株式を50％ずつ持つと決めていた場合、少しでも比率がずれるたびに調整するのではなく、それぞれの資産がだいたい45％〜55％の範囲内に収まっていればいいといったくらいの考え方でいい。率直に言って、リバランスのためにスイッチングが必要になることは少ないはずだ。

リバランスを考える際にあっても、確定拠出年金の資産部分を自分の運用資産の「一部」と位置付けて、自分の運用全体の中で考えるべきだ。調整を行う際には、通常の課税口座等、確定拠出年金以外の部分で調整するのが合理的な場合が多い。

確定拠出年金の中で調整する必要がある場合は、「スイッチング」よりも「配分変更」によって徐々に行うのが現実的だ。

Textbook of Defined Contribution Plan

確定拠出年金の受け取り方（老齢給付金）

　確定拠出年金の受け取り方についてご説明する。

　年金を受け取る名目には、「老齢給付金」「障害給付金」「死亡一時金」の3つの種類があるが、先ず、基本となる老齢給付金について説明する（残り2つは後述）。

　確定拠出年金の受け取り方は一通りではなく、また、ある程度自分で選ぶことが可能だ。もちろん、現実に給付を受ける時点での経済環境や税制、家計の事情等によって、当初の予定から受け取り方を変更する可能性は十分にある。それでも、給付を受けるときになってから慌てることのないよう、ある程度事前に基本となる考え方をイメージ出来るようにしておきたい。

　いつ、どのように受け取るか、その出口までしっかりポイントを押さえて、確定拠出年金を最後まで賢く利用したい。

いつから受け取れるのか

　老齢給付金を受け取るには、先ず以下の2条件を満たしている必要がある。

（1）60歳以上である
（2）加入期間が1ヶ月以上ある

　仮に55歳で退職し、その後は再就職せずに会社員人生を引退するという場合であっても、60歳になる迄はお金を受け取ることが出来ない。

　また、**60歳の時点で老齢給付金を受け取ることが出来るのは、加入期間が通算して10年以上ある場合に限られる。10年未満の場合は、加入年数に応じて最大65歳迄、給付金を受け取ることが出来るようになる年齢が引き上げられる**（次頁**図表5-1**参照）。例えば、51歳から9年間加入していた人は61歳から、59歳になって駆け込みで加入した人は65歳から、それぞれ老齢給付金を受け取ることが可能になる。

　また、この「加入期間」には、企業型或いは個人型確定拠出年金の加入者期間及び運用指図者であった期間の他に、他の企業年金等から年金資産を移換した場合は、移換前に加入者であった期間も合算することが可能だ。そろそろ60歳が近づいてきた加入者・運用指図者の皆さんは、一度、自分の「加入者期

図表5-1 ● 老齢給付金の受け取り開始年齢と加入期間

加入期間（60歳到達時）	受取開始可能年齢		
10年以上	60歳～70歳の任意の時期から受け取れる		
8年以上～10年未満	61歳～		
6年以上～8年未満	62歳～		
4年以上～6年未満	この期間は	63歳～	
2年以上～4年未満	運用指図のみ	64歳～	
1ヶ月以上～2年未満	行う	65歳～	

60歳　　　　　　　　　　　　　　　　　　　　70歳

間」がどれくらいあるのか、確認しておくとよいだろう。

　60歳以降の状況について、もう少し説明しておこう。

　先ず、原則として60歳以降、新たな掛け金の拠出は出来ないが、給付金の受け取りを開始するまでの期間は、運用指図者として引き続き運用の指図を行うことが出来る。

　但し、**70歳になった時点でまだ請求手続をしていない場合、年金資産は一括売却されて、一時金として受け取ることになる。**過去に企業型の確定拠出年金に加入しており、退職によって運用指図者になった人などは、つい忘れがちになるので注意が必要だ。

　なお、企業型確定拠出年金の場合、年金規約によっては、60

歳到達以降も、65歳未満迄加入者となり得る場合がある。60歳以降も、引き続き加入資格を得て拠出が出来るという場合、給付金の受け取り可能年齢は60歳からではなく、規約に定められた時点（**資格喪失年齢**）からとなる。

このように、確定拠出年金の受け取りが出来るようになる年齢は、加入期間によって60歳〜65歳と人により異なるが、老齢給付金をいつから受け取り始めるかについては、受給権を得た後、70歳になる迄の期間において、加入者が自由に決めることが出来る。

受け取り開始のタイミングを自分で選べるのは大きなメリットだ。それではいったい、受け取る時期と受け取り方は、どの組合せが一番いいのか、となると、そのときの経済状況や年金資産残高、個人の家計の事情等によって異なる。

そこで以下において、多くのケースにおいてベストとなるだろう受け取り方について考えてみたい。

老齢給付金の受け取り方法は3種類

老齢給付金の受け取り方には、(1)年金、(2)一時金、(3)年金と一時金との併給、の3通りがある（次頁**図表5-2**参照）。年金として受け取る場合、5年〜20年の間で給付期間を選ぶが（**分割取崩**による給付）、運用商品によっては、終身年金での受給を選ぶことも可能だ。

第5章 ● 確定拠出年金の諸手続について　**151**

図表 5-2 ● 年金の受け取り方

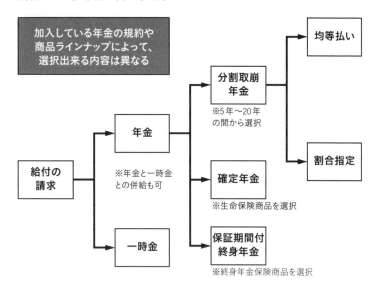

　どのように受け取ることが出来るかは、加入している確定拠出年金の年金規約によって規定されている。受取方法を極端に制限しているような規約では、望み通りの受け取り方が出来ない可能性があるので、事前に確かめておきたい。

●分割取崩により、年金として受け取る場合

　(1)受け取る期間（5年～20年）、(2)1年に受け取る回数、の2つを選び、運営管理機関に請求する。運営管理機関によっては選択出来る範囲が制限されている場合があり、例えば、あるネ

ット証券大手系列の運営管理機関では、5年又は10年のどちらかから選んで請求する。

通常、1回に受け取る金額は、「**均等払い**」と「**割合指定**」のどちらを選ぶかで異なる。年金資産を受給予定期間で等分し、毎年一定額を受け取るのが「均等払い」だ。一方「割合指定」を選ぶと、5%〜50%の範囲内で年金資産の取崩割合（年単位）を決め、年金資産から毎年一定割合を取り崩して年金を受け取る。

どちらの受取方法でも、支給を待つ年金資産は引き続き運用されるため、その後の運用で損失が出ると、受け取り開始当初の予定より、途中で資産額が減ってしまうことがある。その場合は、受け取る額を途中で変更するか、変更せずに受け取りを続けて、受給予定期間より早く年金給付を終了することになる。

なお、受給開始から5年経過して以降は一度だけ、残額を一時金として一括で受け取ることが可能だ。

●確定年金として受け取る場合

確定拠出年金の生命保険商品では、「**確定年金**」での受け取りも選択出来る。

これは、受給開始時点での資産残高を原資として、「一定期間・一定金額」で年金を受け取る。期間は5・10・15・20年から選ぶとしている運営管理機関が多く、選んだ期間によって毎回の受給金額が決定する。

分割取崩年金との違いは、受給開始時点で総受給額が「確

定」しているところにある（途中で死亡した場合は残額を遺族が受け取る）。よって、未支給の年金がその後の相場変動によって減額される恐れはないが、増えることもない。

●終身年金として受け取る場合

　加入している確定拠出年金の保険商品のラインナップに、**「保証期間付終身年金」**タイプの商品がある場合、年金資産をこの商品にスイッチングし、終身での受け取りを選ぶことで、請求時点での資産残高を原資として、一定金額を加入者本人が死亡するまで毎回受け取ることが出来る。

　この商品は「保証期間付」であり、途中で本人が死亡した場合でも、一定の保証期間内においては、引き続き予め定められた額が遺族に支給される。また、通常の終身年金同様、長生きするほどに受給金額は大きくなり得になるが、保証期間以降は、本人の死亡によって給付が終了する。そのため、死亡時の年齢によっては、受給開始時点での資産残高より、総受給額が下回る可能性がある。

　なお、確定年金や終身年金での受け取りを選んだ場合、この部分に関しては受給開始以降、他の商品にスイッチングすることは出来ないので注意が必要だ。分割取崩での受け取りを選んだ場合は、受給開始後も、商品のスイッチングが出来る。

●一時金として受け取る場合

一般的に、年金規約において、**一時金**での受け取りや年金と一時金との併給を認めていることが多い。一時金として受け取る場合は、運用商品を一括売却し、その売却額から税金と手数料を差し引いた金額が支払われる。併給する場合は、規約に定められた割合で年金資産の一部を一時金で受け取り、残りを年金で受け取ることになる。

請求から実際に一時金を受け取るまでは、運営管理機関によっても異なるが、通常、手続に数ヶ月が掛かる。一時金でローンを返済する等、老後にまとまった支出を予定している場合、一時金の振込時期を予め確認して、早めに準備しておくのがよいだろう。

給付時にかかる税金と手数料

老齢給付金は、給付のタイミングで課税され、受け取り方によって課税とその控除の名目が異なる。

年金として受け取る場合は、他の公的年金と同じく「**雑所得**」として、一時金で受け取る場合は、企業からの退職金と同じ「**退職所得**」として、税制上扱われる。

そして、どちらの場合にも税制優遇があり、年金の場合は「公的年金等控除」が、一時金の場合は「退職所得控除」が、それぞれ適用される。

また、どの受け取り方であっても、**給付事務手数料**として1

第5章 ● 確定拠出年金の諸手続について　**155**

回の振込につき432円（税込）が掛かる。給付の都度、事務委託先金融機関（信託銀行）に対して給付金から控除される。

●年金で受け取る場合＝公的年金等控除

　老齢給付金を年金で受け取る場合、「**公的年金等控除**」が適用され、**図表5-3**で計算した金額が雑所得として課税対象となる。公的年金等による収入は税制上、「雑所得」として取り扱われ、年金が振り込まれる際に、所得税と復興特別所得税が**源泉徴収**される。

　サラリーマン時代と異なり、年金生活者にはいわゆる年末調整がないため、公的年金等控除を受けるには、**確定申告**による還付手続をしなければならない。

　但し、2012年以降、⑴公的年金等の収入が年間400万円以下、且つ、⑵公的年金等に係る雑所得以外の所得（収入ではない点に注意）が年間20万円以下、の2条件を満たす場合には、確定申告が不要になった。働いていない年金生活者の多くは、この2条件に当てはまるのではないだろうか。

　しかし、「不要」とするのは税務署の側であり、確定申告をしないと医療費控除等による還付が受けられないことに変わりはない。確定拠出年金に限らず、公的年金の受け取りでも、「**確定申告不要制度**に該当するから、自分は確定申告をしなくていい」といった、誤った認識のまま、損に気づかない人がいるとしたら、実にもったいない。

図表5-3 ● 公的年金等に係る雑所得の速算表（平成17年分以後）

公的年金等に係る雑所得の金額＝（a）×（b）－（c）

年金受給者の年齢	(a) 公的年金等の収入金額の合計額	(b) 割合	(c) 控除額
65歳未満	70万円迄	所得金額はゼロとなる	
	70万1円から129万9999円迄	100%	70万円
	130万円から409万9999円迄	75%	37万5000円
	410万円から769万9999円迄	85%	78万5000円
	770万円以上	95%	155万5000円
65歳以上	120万円迄	所得金額はゼロとなる	
	120万1円から329万9999円迄	100%	120万円
	330万円から409万9999円迄	75%	37万5000円
	410万円から769万9999円迄	85%	78万5000円
	770万円以上	95%	155万5000円

※国税庁ホームページより作成（2016年5月現在）

●一時金で受け取る場合＝退職所得控除

　退職所得の場合、該当する退職に係る収入を全て合算した額から「**退職所得控除**」を差し引き、残った金額の2分の1にのみ課税される。退職所得控除の計算方法は、次ず**図表5-4**の

第5章 ● 確定拠出年金の諸手続について　157

図表5-4 ● 退職所得控除の計算

課税対象額 ＝（老齢一時金 － 退職所得控除）× 1 ／ 2

掛け金拠出年数	退職所得控除額
2年以下	80万円
2年超、20年以下	40万円 × 拠出年数
20年超	800万円 ＋ 70万円 ×（拠出年数－20年）

※1年未満の端数は切り上げ（ex.10年2ヶ月→11年）
※国税庁ホームページより作成（2016年5月現在）

通り、勤続年数（確定拠出年金の場合は、掛け金の拠出年数）に応じて異なる。拠出年数が大きいほど控除の金額も大きくなる仕組みだ。運用指図者になってしまうとその間は拠出年数が増えないので、経済的に拠出が可能である限り、拠出をやめて運用指図者になるより、少額でも拠出を続ける方が有利である。

　また、企業からの退職金等、複数箇所から退職所得を受け取る際は、必ずしも一度に受け取る訳ではないため、先に他の退職所得を受け取っていた場合、一時金の請求手続の際に、先に受け取った退職所得の源泉徴収票を運営管理機関に提出する（この場合、控除額の計算が異なる場合がある）。

　なお、一時金の請求をする際に「**退職所得の受給に関する申告書**」を提出していると、年金での受け取りの場合と異なり、確定申告は必要ない。

賢く受け取るための「考え方」

それでは、この老齢給付金を「賢く受け取る」ためには、どのように考えて、どのように請求すればいいのだろうか。

「賢く受け取る」とは概ね、「多く受け取る」ことに他ならない。いかにして手数料や税金を抑え、いつから受け取りを開始するのが得なのか。これについては、受給権を得た時点での経済状況や法制度、家計の事情や個人の出費予定によって、基本的には一人ひとり異なるので、ここでは、その基となる考え方を理解して欲しい。

●いつから受け取るのが「得」か

老齢給付金は、早い人で60歳から、遅くても65歳から受け取ることが出来る。その後70歳迄の任意の時期に、請求手続をして受給を開始する。

原則としての「賢い支給開始時期」は、明快だ。確定拠出年金の重要なメリットの一つである「運用期間非課税」を最大限に利用するためには、上限となる70歳ギリギリで受け取りの手続を行うのがベストだろう。一般に、70歳の時点で運用している金融資産が枯渇していてはまずい。運用資産があるとするなら、確定拠出年金口座の中にある方が税制上より有利に運用出来る。

もちろん、受給権を得た時点で住宅ローン等の負債が残って

第5章 ● 確定拠出年金の諸手続について　**159**

いたり、近いうちにまとまった額の支出が予定されていて、確定拠出年金以外の口座でその費用をまかなえない等の事情がある場合は、これに限らない。取り崩しを我慢してローンに手を出すのでは本末転倒だ。

　なお、あまりにギリギリまで粘り過ぎて、うっかり70歳を超えてしまうと、否応なく一時金として支給されてしまうので、この点は注意が必要だ。

●年金と一時金、どちらで受け取るのが「得」か

　比較の前提として、年金規約でどのような受け取り方が認められているかによるが、仮に、年金（終身年金を含む）、一時金、その併給、から自分で選択出来るとして、どのような場合に、どの受け取り方をしたらいいかを考えてみたい。

　勘案すべき要素は「手数料」、「課税額」、「年金損益」だ。これら3つの要素をトータルで判断して、どれが得かを考えるべきだということだ。

　先ず、手数料をみると、年金と一時金のどちらの場合でも、給付に際して432円（税込）の給付事務手数料が掛かる。これは、給付の都度、給付金から引き落とされるため、受け取り回数が多いほどかさむ。加えて、年金として受け取る場合、受け取りを待つ未支給の年金資産には、引き続き口座管理手数料が毎月掛かる。

　次に、課税については、受け取り時の税控除と、運用中非課税の各々の損得を比べる必要があるだろう。

受け取り時の税控除だけで比べると、本書執筆時点での税制においては、一時金受け取りでの退職所得控除の方が手厚く、一時金の受け取りを選ぶと全額非課税になる人が多いと思われる。特に20年以上の掛け金拠出年数がある人は、かなり大きな控除額を持っている。但し、控除の枠を退職金でどの程度使ったかによって、最も得な選択が異なるはずだ。また、退職金自体に関しても、一時金での受け取りと年金での受け取りが選択出来る場合があり、この場合は、年金での受け取り額の条件を検討する必要がある（低金利の現在、年金での受け取りが有利なケースが多い）。

　退職所得控除の範囲内で一時金を受け取り、残額を公的年金等控除の範囲内の金額に小分けにして年金として受け取ることで、給付金の全額を非課税で受け取ることも、受給金額によっては可能だ。

　ここまで読む限りでは、確定拠出年金は一時金で受け取り、退職所得控除額を超える額がある場合のみ、年金で受け取るのがベストのように思われるかもしれない。

　実際に厚生労働省のデータで見ると、9割以上の受給者が一時金での受け取りを選んでいる。

　特に、企業型確定拠出年金の加入者だった人は、その多くが、会社に口座管理手数料を負担してもらっていた人たちであり、彼らが退職して運用指図者となって以降、自分で口座管理手数料を負担することになった場合、手数料コストだけを抑えるために、他の要素を考えることなく、一時金での受け取りを選択

第5章 ● 確定拠出年金の諸手続について　161

してしまうケースは少なくないようだ。

　しかし、繰り返しになるが、あくまでトータルのコストで判断するべきだ。手数料や税控除といった分かり易いコストだけをみて、一時金を選んでしまう人が多いのだろうが、残る要素である「未支給の年金は非課税で運用出来るので、引き続き、一般で運用するよりも良い条件で運用出来る場合がある」という、確定拠出年金の本来のメリットについても考慮に入れたい。例えば、一時金で全額受け取ってそれを自分で運用することにしてしまうと、以降は運用益に課税されることになる。

　そして、このメリットは、年金資産が大きいほどに効力を発揮する。順調であれば、老齢給付金の受給権を得る頃に年金資産が最大になっている人が多いのではないだろうか。

　退職金の額が大きく、受け取り方に選択肢がある場合の検討ポイントは、複数あって複雑だ。先ず、下記の2点を考えてみよう。

⑴退職金を年金で受け取る場合の想定運用利回りがどの程度得るか（実勢金利よりどれ位いいか）
⑵確定拠出年金内で運用を続けられることの税制、運用商品の手数料等によるメリット

　仮に運用利回りを年率5％と想定すると、運用期間中非課税なメリットは1％程度と計算される。実際には5％はやや高めの見積りかもしれないし、受け取り時に運用益が課税対象とな

る可能性もあるので「1％」はメリットの上限と見ていいだろう。

その上で、

(3)退職所得控除を最も無駄なく利用するにはどうしたらいいか

を考えてみよう。

　複雑だが計算で答えの出る問題だ。一生に一回の事だが、その時には、ゲームを楽しむつもりで考えてみよう。

　計算の結果、「年金」として受け取り、資産を取り崩しつつ、残りを引き続き運用していくのが、ベストの受け取り方になる場合が比較的多いのではないだろうか。一般に、確定拠出年金の受給資格を得た後も人生は長い。受け取る頻度は、個人の家計の事情にもよるが、可能であれば年1回など最小限の回数を選んで、給付事務手数料のコストを抑える工夫をするとよいだろう。

　そして、ローン返済に充てる等まとまったお金がどうしても確定拠出年金の資産から必要な場合は、その分だけ「一時金」として受け取って支払いに充て、残りを「年金」として運用しつつ、取り崩していけばよい。

　差し当たって使う予定のない金額まで一時金で受け取り、これを課税される口座に移して、確定拠出年金のときよりも条件の悪い商品で運用している、といったちぐはぐな受け取り方をしてしまうことのないように、よく考えて処置したい。

第5章 ● 確定拠出年金の諸手続について　**163**

●受け取り方に関わる要素

　受け取り方については、運営管理機関によって細かく条件が異なることと、税制が頻繁に改正される点に注意が必要だ。

　前述の通り、現在の税法上では、一時金の方が控除金額は厚くなっているが、将来、受け取り方を考える頃には、改正によって条件が変わる可能性はゼロではない。

　また、ローン返済等に関しては、仮に潤沢な資産があって課税口座にも運用資産があるのならば、そちらから崩していく方がトータルで有利になる。

　更に、前に見たように退職所得については少し複雑になるのだが、確定拠出年金の一時金以外にも、企業からの退職金等、退職所得に該当する収入がある場合は、それらを通算して退職所得控除の計算がなされるので、併せて考える必要がある。各退職所得の受け取り時期によっては通算しなくてもよい場合もあり、その条件も各人の状況によって異なるため、該当する収入のある人は、事前に税務署等に確認しておくとよい。

　こうした様々な要素については、確定拠出年金に加入する前に、予め調べておくには限界がある。運営管理機関から取り寄せるパンフレットを見てもこれらの点を詳しく書いてあることは、まずない。

　結局のところ、加入前や加入期間中は、これらの可能性については、税制改正等に気を付けておいて、実際に受給権を得るタイミングで、原則としての「賢い受け取り方」を思い出しつ

つ、その時の運用資産と所得の状況、支出の予定を両睨みして
考えることになる。

　率直に言って、確定拠出年金の受け取り方の選択がこんなに
複雑だと、筆者は、本章を書いてみるまで思っていなかった。
運用では「予測」という難しくはあってもその分棚上げしてし
まっていい要素があって、意思決定としての正しい選択自体は
単純だった。他方、確定拠出年金の受け取りには、市場予測の
ような根本的に対処困難な不確実性は小さい。読者は、その時
にあって最も得な選択をよく考えて欲しい。

第5章 ● 確定拠出年金の諸手続について　165

Textbook of Defined Contribution Plan

確定拠出年金の受け取り方
（障害給付金・死亡一時金）

障害給付金

　加入者が一定の程度の障害状態にあり、その他の条件を満たしている場合、請求によって**障害給付金**を受け取ることが出来る（**図表5-5**参照）。老齢給付金との違いは、**加入期間**に関わらず、60歳未満であっても受給出来ることと、給付金が全額非課税になる点だ。

　また、公的年金の障害年金では、障害の状態が軽くなったと判断された場合、年金の支給が停止されることがあるが、確定拠出年金の障害給付金は、もともと自分で形成してきた資産を取り崩すだけであるため、本人が死亡するか、全て給付し終えて年金資産がなくなるまで、支給を続けられる。途中で障害の状態が軽くなった場合であっても、停止されることはない。

　但し、障害給付金の受給者になると、以降は新たな掛け金の拠出が出来なくなる。残った年金資産がなくなるまで、運用指

図表 5−5 ● 障害給付金の受給

対象者	60歳以前に傷病によって一定以上の障害の状態になった者
障害の程度 （何れかに 該当する者）	● 障害基礎年金の受給者 ● 身体障害者手帳（1級から3級迄の者に限る）の交付を受けた者 ● 療育手帳（重度の者に限る）の交付を受けた者 ● 精神障害者保健福祉手帳（1級及び2級の者に限る）の交付を受けた者
請求出来る期間	70歳の誕生日の2日前迄
受け取り方法	5年〜20年の有期年金又は終身年金 年金規約に規定があれば、一時金として受け取ること（又は年金と併給）も可能

図者として運用の指図のみを行う。給付金額は、運用実績によって受給開始後も変動する可能性がある。

死亡一時金

　公的年金では、加入者や受給者が死亡した場合、一定の条件を満たせば遺族に年金が支払われる。確定拠出年金においても、「**死亡一時金**」の制度がある。両者の大きな違いは、給付の位置づけと受給資格だ。

　公的年金は、遺された家族の生活を保障する「保険」の意味合いが強く、その分支給条件が細かく定められているが、確定

第5章 ● 確定拠出年金の諸手続について　**167**

拠出年金では、単純に残った年金資産を遺族に支払う位置づけとなる。そのため、公的年金では、加入期間、遺族の年齢や所得の多寡、子の有無、いる場合はその年齢等、細かく条件が分かれていて、条件を満たすと遺族にも年金や一時金が支払われるが、そうでない場合は、死亡した加入者の納めた保険料が払い損になる。更に言うなら、公的年金の死亡一時金には給付額に上限が設けられており、上限額以上に保険料を納めていた場合にも、払い損となる。

その点、確定拠出年金の死亡一時金制度はシンプルだ。加入者が死亡した時点で年金資産が残っているかどうかのみで判断され、**加入期間**も遺族の年齢も、子どもの有無も関係なく、年金資産が残っていればその資産残高が遺族に支払われる。払い損のケースは発生しない（但し、故人が老齢給付金を「**保証期間付終身年金**」として受け取っており、且つ、保証期間を過ぎてから死亡した場合は、死亡一時金の対象にならない）。

遺族については、確定拠出年金法で受け取りの順位が定められており、より上位の遺族が死亡一時金を受け取ることが出来る。同順位の遺族が複数いる場合は、等分して支払われる。

遺族の順位は、原則として配偶者以下、子・父母・孫・祖父母・兄弟姉妹・その他親族の順となり、更に死亡した者によって生計を維持していた者が優先される（例：独立して生計のある子よりも、死亡した者によって生計を維持していた兄弟姉妹が優先される）。但し、生前に加入者によって、**受取人の指定**がなされていた場合には、この順位に関係なく、指定された遺

族が受け取る仕組みとなっている点は、確定拠出年金独自の制度だ。

　税制上の取扱いは、加入者の死亡日から支給確定までの期間によって異なる。

　加入者の死亡から3年以内に死亡一時金の支給が確定した場合、年金資産は「みなし相続財産（退職手当等に含まれる給付）」として相続税の課税対象となる。このとき、法定相続人の数×500万円迄は非課税となるため、非課税額が、受け取り額（他の退職手当等を含む）を上回る場合は課税されない。

　次に、加入者の死亡日から3年を経過し5年以内に受け取る場合は、「一時所得」として取り扱われる。

　そして、受給権を得た遺族がいても5年以内に請求しなかった場合は、確定拠出年金の死亡一時金としては受け取ることが出来なくなる。資産残高は死亡した者の「相続財産」として扱われ、遺族には相続税が課される。このとき、先に述べた遺族の受け取り順位や、税制優遇等の取り扱いは無効となってしまう。

　なお、受け取るべき遺族がいない場合や、遺族からの請求がなかった場合は、加入者の資産残高は法務局に供託される。

第5章 ● 確定拠出年金の諸手続について　169

Textbook of Defined Contribution Plan

番外編：意外に知られていない確定拠出年金の利用法

　さて、ここでもう一つ、確定拠出年金のあまり知られていないメリットについて紹介したい。

　公的年金全般に共通しているが、年金資産やその給付を受ける権利は、誰かに譲渡したり、差し押えられたりすることはない（国税滞納による差押えを除く）。更に、原則として借金等の担保に供することも認められていない、という特徴がある。

　これをどう考えるか。

　仮に、人生の何処かで自己破産をしてしまった場合を考えてみよう。このとき、当面の生活資金以外の資産は差し押えられてしまうが、それだけではなく、サラリーマンの場合、将来受け取る予定の退職金もその一部が差押えの対象になる。既に退職していて退職金を受け取り済みの場合は全額が対象となり、老後の生活設計に大きな支障を来すことは想像に難くない。

　自分のライフプランにおいて、自己破産を予定に入れている人はまずいないとは思うが、確定拠出年金で資産運用していると、自己破産した場合でも、この資産は老後に手元に残せるの

170

だ。もちろん、これだけで老後の生活の安泰が保障される訳ではないが、確定拠出年金以外のところで運用していた資産は差押えの対象になることを考えると、このメリットは大きい。

また、サラリーマン以上に、個人事業主や経営者にとっては、事業の頓挫や会社の倒産といった憂き目に遭った際の、確定拠出年金の有り難みはひとしおだろう。

更に、差押えにならないという以外に、借金の担保に出来ないという特徴も、場合によっては大きなメリットに感じることがあるようだ。

実際に筆者の知人で、親に借金を背負わされるかもしれないから確定拠出年金に入る、という動機の人がいる。親の死後、どんなところから借金の取り立てがくるか分からないし、そもそも勝手に子の名義で借金をしている可能性すらある。法律的にはアウトだが、実際に起こり得る以上は、防衛策が必要であり、そのために個人型確定拠出年金に限度額まで拠出しているのだという。加えて、今の時点で証券会社に残高があることを親に知られると、その全額を持っていかれてしまう可能性があるのだという。だから、確定拠出年金の口座を使ってお金を運用することで、自分も途中で解約出来ないが、親が存命中に解約させられる心配を消去するのだという。何ともすさまじい親子関係だが確定拠出年金はなかなか強力なお金の置き場所なのだ。

これは、確定拠出年金の本来の使い方ではなく、且つどちらかと言うと後ろ向きの利用法ではあるが、財産としての確定拠出年金の強さを物語るエピソードなので、ここで紹介する。

第5章 ● 確定拠出年金の諸手続について　171

Textbook of Defined Contribution Plan

途中で離職・転職した場合

　加入時の年齢にもよるが、確定拠出年金との付き合いは、給付を受ける期間も含めると実に長いものになる。その長い「加入者人生」にあっては、例えば、企業型加入者だった者が、離職・転職により個人型加入者になる、或いは加入者資格を失って運用指図者になる等、その時々で確定拠出年金との関わり方が変化し得る。

　こうした変化の都度、確定拠出年金では加入者資格をいったん喪失し、その後、新たな加入者（或いは運用指図者）の資格を得る手続を踏むことになる。その際に、それまで運用してきた年金資産に対しては、原則として「**移換**」の手続が必要になる。

　年金資産の移換は、多くの場合、就職や転職、離職に伴って発生する。個人型の加入者が企業型を導入している企業に就職する場合や、反対に、企業型の加入者が離職に伴って企業型から個人型（或いは別の企業型）の加入資格を得る場合が、よくあるケースだろう。その他にも、厚生年金基金等の企業年金加

172

入者が転職したり、勤め先が新たに確定拠出年金制度を導入することによって確定拠出年金の加入資格を得た場合には、企業年金での年金資産を新たに確定拠出年金に移換し、確定拠出年金として運用を続けることがある。

　また、企業型や個人型の加入者であった者が、公務員になったり、転職先に別の企業年金制度があったりして、確定拠出年金の加入資格を失い、運用指図者になる場合も、やはり移換の手続が必要になる。但し、このケースに該当する者については、法改正によって、今後は、引き続き確定拠出年金の加入者として拠出を続けることが出来るようになる（第6章参照）。

　大まかには、元の運営管理機関に対して加入者資格喪失の手続を行い、その後、移換先の運営管理機関に変更届を出す。企業型からの移換或いは企業型への移換の場合は、勤め先の会社が本人に代わって手続を行う。また個人型から別の個人型へ、運営管理機関の変更のみを行う場合は、資格喪失の手続は不要であり、変更後の運営管理機関に変更届を出すだけで事足りる。

　以下、年金資産の移換について、想定されるケースをまとめた（次ﾟ**図表5-6**）。

①企業型からの移換

　「**企業型**」の加入者が転職・離職した場合、退職する会社が資格喪失の手続「まで」は行ってくれる。会社から運営管理機関に「加入者資格喪失届」が提出され、加入者には、レコード

図表5-6 ● 移換の全体図

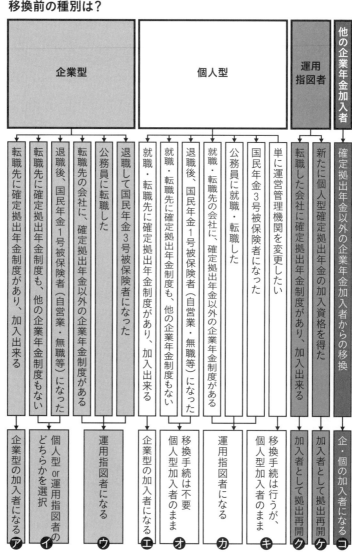

キーパーから手続完了の通知が届くだけだ。

　退職後の状況によって、資格喪失後の移換手続は以下のように異なる。

> **❼転職先の会社にも確定拠出年金制度があり、加入出来る**
> →別の企業型確定拠出年金の加入者になる

　転職先でも確定拠出年金が導入されていて、そこに加入出来る場合、「企業型」から別の「企業型」に年金資産を移換する手続をとる。

　この場合、運営管理機関変更を伴う移換手続の全てを転職先の会社が行ってくれるため、手間がかからないだけでなく、「手続忘れ」が起こりにくい点でも、割合心配のないケースだ。

> **❶転職先の会社に確定拠出年金制度も、他の企業年金制度もない**
> **又は、退職後、国民年金1号被保険者（自営業・無職等）になった**
> →個人型確定拠出年金の加入者、又は運用指図者のどちらかを選ぶ

　手続の前半を元の勤務先の会社にしてもらっているがために、後半、肝心の移換手続を忘れてしまい易いのがこのパターンであり、注意が必要だ。

第5章 ● 確定拠出年金の諸手続について　175

元の会社を退職後、個人型の加入資格を満たしていれば、引き続き加入者として拠出を続けるか、或いは運用指図者となるかを、自分で選ぶことが出来る。

　加入者であれ運用指図者であれ、どちらの場合でも、自分で運営管理機関を選び、個人型への加入或いは運用指図手続を行わなければならない。

　重要なのは、この手続には「（転職・離職による）加入資格喪失から６ヶ月以内」と期限があることだ。

　６ヶ月の期限内に手続をしそびれてしまうと、後で述べる「自動移換」をされてしまう。これは運用がなされないのに手数料だけ取られる、デメリットの大きい状態となるので、十分に気をつけて欲しい。

---

❼・転職先の会社に確定拠出年金以外の企業年金制度がある

**　・公務員に転職した**

**　・退職して国民年金３号被保険者になった**

→運用指図者になる

　本書執筆時点での法制度では、退職等でそれまでの加入者資格を喪失した後に、確定拠出年金以外の企業年金の加入者になるなど、企業型、個人型何れの加入資格も満たさない場合は、運用指図者になる他ない。

　このケースでは、自分で「個人型」の運営管理機関を選び、

運用指図者としての加入手続を行わなければならない。

　ここでも「**イ**」と同様、移換手続には「（転職・離職による）加入資格喪失から6ヶ月以内」という期限が重要になる。就職や転職をした後は何かと忙しい場合が多いだろうし、半年もあるからと油断していたら、気付いた時には期限が過ぎてしまっていた、ということが大いにあり得る。

　「**イ**」のパターンの繰り返しになるが、6ヶ月の期限内に手続をしそびれてしまうと、後で述べる「自動移換」をされてしまう。これは運用がなされないのに手数料だけ取られる、デメリットの大きい状態なので、十分に気をつけて欲しい。

　なお、法改正によって、今後は公務員や国民年金3号被保険者も、新たに「個人型」の加入者として拠出を続けることが出来るようになる（第2章50ジ参照）。更に、確定拠出年金から他の企業年金へのポータビリティが認められるようになる（第6章参照）。

　今後、転職を行う際には、その時点での法制度がどうなっているか、できれば事前に確認するようにしておきたい。

②個人型からの移換

　「**個人型**」の加入者が、就職・転職・離職等により年金資産を移換する場合、「企業型」からの移換と同じく、退職後の状況によってその後の対応が異なる。再び企業型の加入者になる場合を除いて移換手続を自分でしなければならない点は、「企

業型」からの移換と同じだ。

　なお、「個人型」の加入者が加入資格を喪失した場合は、原則として、運営管理機関に対する資格喪失の手続を自ら行わなければならない点が「企業型」からの移換のケースと異なる。

---

❶確定拠出年金制度を導入している企業に就職・転職し、加入資格を得た

→企業型確定拠出年金の加入者になる

　新たに「企業型」の加入資格を得た場合は、就職・転職先の会社で、担当者に個人型確定拠出年金の加入者であることを告げて、移換手続をしてもらおう。

　このとき、気をつけるべきポイントが一つある。

　「個人型」の加入資格喪失手続より先に、「企業型」の加入資格を得てしまった場合だ。

　「企業型」の加入者となり「個人型」の加入資格を喪失したにもかかわらず、その手続が遅れてしまうと、その間、加入資格のない「個人型」に掛け金が拠出され続けてしまう。

　加入資格のない者が掛け金を拠出した場合、その期間の掛け金相当額（運用損益は含まれない）は全額、払い戻される。これを「**還付**」と呼び、**還付手数料**として、国民年金基金連合会に1029円、事務委託先金融機関に432円（共に税込）が、それぞれ還付される金額から差し引かれてしまう。

　このケースでは、「企業型」確定拠出年金の資格取得以降、

加入資格のなくなった「個人型」確定拠出年金に拠出した掛け金が、還付の対象となる。

　還付手数料は、本来、気をつけていれば支払う必要のないコストだ。更に、還付前の金額で確定申告を行っていた場合は、修正申告が必要となる。

　「個人型」の加入者が「企業型」に移換する際には、「個人型」の資格喪失手続を忘れずに行うよう覚えておきたい。

オ就職・転職先の会社に確定拠出年金制度も、他の企業年金制度もない

**　又は退職後、国民年金１号被保険者になった**

→引き続き「個人型」の加入者の資格があるため、移換手続は不要

　就職や転職によって、必ずしも移換しなければならない訳ではない。新たな勤め先に確定拠出年金制度がなく（制度があっても、加入資格がない場合を含む）、その他の企業年金制度もない場合、現在加入している「個人型」確定拠出年金で引き続き、加入者として拠出を続けることが出来る。

　退職して、自営業者など国民年金1号被保険者になった場合も同様だ。

> **カ** ・就職・転職先の会社に確定拠出年金以外の企業年金制
> 　　度がある
> 　・公務員に就職・転職した
> 　・国民年金3号被保険者になった
> →運用指図者になる

　先の「**ウ**」のケースと同様、2016年時点での制度においては、退職等でそれまでの加入者資格を喪失した後に、確定拠出年金以外の企業年金の加入者になるなど、企業型、個人型何れの加入資格も満たさない場合は、拠出の出来ない運用指図者になる。

　この場合、加入していた「個人型」の運営管理機関に対し、加入手続の時と同じく、必要書類を郵送してもらい、加入者から運用指図者への変更手続を行う。

　「個人型」から運用指図者になる場合は、「企業型」の場合のように、手続を忘れていても自動移換にはならない。しかし、この手続を行なわずにいると、加入資格のないまま掛け金を拠出し続けることになる。

　「**エ**」のケースでも述べたが、加入資格のない者によって拠出された場合、掛け金相当額（運用損益は含まれない）から「還付手数料」を差し引かれた金額が払い戻しされる。

　還付手数料の内訳は、国民年金基金連合会に1029円、事務委託先金融機関に432円（共に税込）と、少額ではあるが、これは本来、手続を行っていれば支払うことのないコストだ。ま

た、既に確定申告を行っていた場合は、還付後の拠出金額での修正申告が必要となり、しないで済むに越したことはない。

　なお、法改正によって、公務員や国民年金3号被保険者等へも、確定拠出年金の加入資格が拡大される。更に、確定拠出年金から他の企業年金に年金資産を移換出来るようにもなる（第6章参照）。今後、就職・転職・離職等を考える際には、その時点での法制度について調べてみるとよい。

> **⊕単に運営管理機関を変更したい**
> →移換手続後、引き続き「個人型」の確定拠出年金加入者
> 　となる

　「個人型」の場合、加入者が離職や転職等によるのではなく、単に運営管理機関を変えたいと考えることがあるだろう。とりあえず付き合いのある金融機関に申込をして確定拠出年金を始めたが、その後に、別の運営管理機関が提供するラインナップの商品を運用したいと考えるようになることは、十分あり得るケースだ。ゼロコンマ数％の運用管理手数料の差でも、運用する期間の長さと資産の額を考えると、最終的に大きな差になるので、運営管理機関の選択が重要な問題になることはあり得る。
　「個人型」から別の「個人型」に移換する場合、変更先の運営管理機関に対し、「個人型から個人型」への移換手続を行う。但し、移換に際しては、後で述べるように手数料が掛かる以外

にも機会損失などのデメリットがあり得るため、運営管理機関の変更が本当に得になるかどうかを、よく検討した上で行って欲しい。

なお、このケースでは、元の運営管理機関への資格喪失等の手続は必要ない。

③運用指図者からの移換

一旦、**運用指図者**になったとしても、その後に、就職・転職・離職等で新たに加入資格を得た場合、加入者として拠出を再開することが可能だ。

❷転職した会社に確定拠出年金制度があり、加入出来る
→企業型確定拠出年金の加入者になる

転職した先の企業型確定拠出年金制度を利用出来る場合、会社の年金担当者に、運用指図者である旨を伝えて、移換手続をして貰う。

手続としては、それまで運用指図者として契約していた運営管理機関から、転職先が契約している運営管理機関に年金資産を移換することになる。

> **ケ新たに個人型確定拠出年金の加入資格を得た**
> →運用指図者から加入者への変更を行い、個人型加入者に
> 　なる

　このケースでは移換手続の必要はないが、運用指図者として契約している運営管理機関に対し、改めて加入者となる手続を行うことで、拠出を再開出来る。このときに、運営管理機関を変更したいと考えた場合は、先の「キ」のパターンを参考にされたい。

④確定拠出年金以外の企業年金加入者からの移換

　移換について、今後特に増えることが予想されるケースとして、確定拠出年金以外の企業年金から移換する場合がある。

　転退職等によって、厚生年金基金や確定給付型の企業年金の加入資格を喪失した際、加入期間や資格喪失時の年齢によっては、脱退一時金を受け取ることが出来る場合がある。

　脱退一時金は、文字通り「一時金」として受け取るか、一時金相当額を企業年金連合会に移換する他に、加入条件を満たしている場合、希望すれば、脱退一時金相当額を確定拠出年金に移換することが可能だ（174ℐ**図表5-6コ**）。

　このケースでの注意点の一つに、「一度移換した脱退一時金相当額を、再度、企業年金に移換することが出来ない」ことが

第5章 ● 確定拠出年金の諸手続について　**183**

図表5-7 ● 企業年金制度毎の確定拠出年金への移換手続期限

	手続期限
厚生年金基金	脱退後1年以内
確定給付企業年金	脱退後1年以内 且つ 確定拠出年金の加入資格を取得してから3ヶ月以内
企業年金連合会	確定拠出年金の加入資格を取得してから3ヶ月以内

挙げられる。厚生年金基金や確定給付型の企業年金から確定拠出年金への移換は認められているが、逆の方向、つまり、確定拠出年金での年金資産をこれらの企業年金に移すことは、今のところ認められていない。この場合、既にある確定拠出年金の年金資産は運用指図者としてそのまま運用指図のみを続けることになる。

　注意すべきもう一点は、**図表5-7**の通り、手続が可能な「期限」が設けられていることだ。移換元となる企業年金の種別毎に期限が異なるので気をつけたい。

　具体的な移換の手続は、「企業型」への移換も、「個人型」への移換も同じだ。

　「企業型」の場合は転職先の会社から、「個人型」の場合は自

分で選んだ運営管理機関から、それぞれ「**移換申出書**」を受け取り、退職した会社で移換決定の証明を受け、それを転職先の会社（個人型の場合は運営管理機関）に提出する、という流れになる。

企業年金からの移換手続

・厚生年金基金、確定給付型の企業年金からの移換手続

1. 「移換申出書」をそれぞれ以下から入手する

   （企業型……転職先の会社
   個人型……移換後の運営管理機関

2. 受け取った「移換申出書」を移換元の企業年金制度に提出し、「移換決定の証明」を受ける

3. 転職先の会社（個人型の場合は移換後の運営管理機関）に「移換申出書」と共に提出する

・企業年金連合会に移換した脱退一時金相当額を移換する場合

1. 「移換申出書」を企業年金連合会から受け取る

2. 同じく企業年金連合会に「移換申出書」を提出して終了

他の種類の企業年金からの移換では、移換前に加入者であっ

た期間を、移換後の確定拠出年金の「**通算加入者等期間**」に通算することが出来るというメリットがある。50代以降の転職によって、確定拠出年金に加入はしたが、60歳迄数年しかないという場合でも、企業年金での加入期間を通算することによって、60歳時点で確定拠出年金の受給資格を得ることが出来るようになる場合がある。

Textbook of Defined Contribution Plan

移換の注意点

　実際に移換する際には、注意すべき点が幾つかある。

　率直にいって、移換には「コスト」も「時間」もかかる。離転職の場合はある程度仕方がないが、個人型の加入者が、使い勝手等を求めて運営管理機関を変更する場合は、次に述べる**「移換のデメリット」**を理解して、それでも変更することが得なのかどうかを、よく考えてからの方がいい。

移換の際には「現金化」される

　最も注意すべき点は、移換によって移すことが出来るのは「現金化した資産」のみだということだ。

　仮に移換前と後の運営管理機関で同じ運用商品を扱っていたとしても、運用商品のまま移すことは出来ない。全ての年金資産はいったん売却され、現金化した上で移換先の運営管理機関に引き継がれる。移換前と後の運営管理機関やレコードキーパーが同じであっても、必ずこの手続が行なわれる。

第5章 ● 確定拠出年金の諸手続について　**187**

更に、資産が売却され、移換先で再び運用出来るようになるまで、1〜2ヶ月かかることも忘れてはいけない。移換手続が完了するまでの1〜2ヶ月の間に、仮に大幅な株価の上昇があった場合、投資信託を安値で売って、高値で買い戻すことになるかもしれない（もちろん、反対に高値で売って安値で買う場合もある）。そして、この期間中の、どのタイミングで自分の運用資産が売却され、どのタイミングで購入されるのかが分からないのも難点だ。

また、移換後の資産についていうと、初めは必ず定期預金等のデフォルト商品で全額運用すると規定している運営管理機関が殆どだ。

大抵は、デフォルト商品には定期預金や保険商品が設定されているので、この場合、移換完了後に自分でスイッチングをする必要がある。

最後に、移換に際しては、移換事務手数料として、一律2777円が年金資産から差し引かれる。これは国民年金基金連合会に支払われるもので、どの運営管理機関であっても金額は変わらず、移換の度に差し引かれることになる。

自動移換に注意！

移換手続において、最も重要な事は、「必要な手続を忘れずに行う」ということだ。

転職によって、新たに企業型の確定拠出年金加入者となる場

合は、転職先企業の担当者が手続をしてくれるだろうが、それ以外のケースでは、基本的に「自分で」「定められた期限内に」手続を行なわなければならない。移換手続の期限は、離退職による加入者資格の喪失から6ヶ月以内と決められている。

この手続をうっかり怠ってしまうと、どうなるのか。

正規の移換手続を行わないまま6ヶ月が過ぎてしまった資産は、現金化された上で、「国民年金基金連合会」に自動的に移換される。これを「**自動移換**」と言うが、実質的には「強制」移換であり、移換される側に何一つメリットはなく、次☞**図表5-8**の通り、デメリットばかりが並ぶ。

イメージとしては、本人でさえ自由に引き出せない鍵のついたひきだしに全額放り込まれて、しかも手数料の分だけじわじわと目減りしていくタンス貯金、といったところだろうか。確定拠出年金に限らず、資産運用の目的はもちろん、第一義的には資産を殖やすことにある。結果として元本を割り込む可能性があるとはしても、確実に資産が減っていくこの自動移換の状況は、誰がどうみても、正しいお金の置き場所ではないことが明らかだ。

それにもかかわらず、毎年、自動移換となる者は後を絶たない。

国民年金基金連合会のWEBページをみると、2015年3月末の時点で、加入者資格の喪失から6ヶ月以内に手続を行った正規の移換者が48万3314人であるのに対し、自動移換のままとなっている者は49万8515人と、実に正規移換者よりも多いと

図表 5-8 ● 自動移換のデメリット

1. 運用資産が全額、現金化されてしまう
2. 自動移換されている期間は、一切、運用が出来ない
   → 「国民年金基金連合会」に保管されるだけで、資産は全く増えない
3. 自動移換されている期間は、確定拠出年金の加入期間とみなされない
   → 場合によっては、老齢給付金の受給開始が遅れる
4. 受給可能な年齢になっても、自動移換の状態では給付を受けられない
   → 自動移換された資産は直接引き出すことが出来ないため、いったん、個人型の確定拠出年金に資産を移換する、という手間（時間的にも手数料の面からも）が生じる
5. 資産が増えないにもよらず、移換された年金資産から下記の手数料だけが継続して差し引かれる
   - 自動移換されたとき…特定運営管理機関手数料（3240円）及び、国民年金基金連合会手数料（1029円）
   - 自動移換の期間中…管理手数料（毎月51円）
   - 確定拠出年金へ移換するとき
     …移換手数料（1080円）
     ＊個人型へ移換する場合は更に、国民年金基金連合会への移換手数料（2777円）が差し引かれる

いう、驚くべきデータが載っている。実際には、自動移換者のうちの約4割が、手数料を差し引かれ続けた結果、既に年金資産の残高がゼロになっているという。

　自動移換となる恐れが最も大きいのは、企業型確定拠出年金の導入企業を退職した人だろう。会社に言われるまま加入・運用をしていて、加入者としての自覚もないまま退職に伴い資格喪失したというのが、典型的なケースだ。

　法令上、確定拠出年金の導入企業には、加入者である従業員が退職する際に、移換手続について説明をすることが求められる。また、自動移換の手続がなされると、国民年金基金連合会から当事者に自動移換通知が送られ、その後も定期的に通知が届くことになっている。しかし、それでも現実には、毎年、自動移換者の数は増え続けている。期限まで半年もあるのだからと、つい後回しにしてしまう人が多いのだろう。決して、他人事ではなく、身近に起こり得る事態なのだと思って頂きたい。

　また、自動移換されるかどうかの分かれ目となる「6ヶ月」について、これは暦日で計算される訳ではなく、「加入者資格を喪失した日を含む月から6ヶ月後の『月末』」が期限となる。

　仮に、退職日が3月20日の人と、月末の3月31日の人と、2人いたとしよう。3月20日に退職した人は、翌3月21日が「資格を喪失した日」となり、3月から6ヶ月後の月末となる9月30日が、手続期限となる。一方、3月31日に退職した場合、翌4月1日が「資格を喪失した日」となるため、6ヶ月の計算

起点は4月であり、手続期限も10月31日と、1ヶ月もの差異が生じる。加入者資格を喪失した時点で、手続期限が何月何日なのか、調べておくようにしよう。

　以上、自動移換に関しては、不安を煽るような内容の紹介となってしまったが、これらは全て、期限内に移換手続さえすれば、被ることのない内容ばかりだ。

　そして、もしも自分の年金資産が自動移換されてしまっていたら、出来るだけ早く手続を行って、正しい場所に自分のお金を移すということを、あわせて記憶のどこかに留めておいてもらいたい。

　具体的には、そのときの当人の加入者資格の状況により、(1)勤め先を通じて企業型の確定拠出年金の加入手続をとる、(2)個人型の確定拠出年金の加入者（又は運用指図者）になるべく、運営管理機関を選んで手続を行う、(3)後述する「脱退一時金」請求手続を行う、の3通りがある。

Textbook of Defined Contribution Plan

事業主返還の条件

　確定拠出年金が他の企業年金に比べて、加入者個人の年金受給権の保護に優れている点は既に述べた。企業型確定拠出年金の場合、いったん個人の口座に拠出された掛け金が、勤め先の倒産や業績の悪化によって、後から受給額が引き下げられることはない。また、公的年金では、先に述べたように年金資産を譲渡したり、差し押えられることもない（国税滞納による差押えを除く）。一部、法で定められる場合を除いて、借金等の担保に供することも認められていない。

　このように、手厚く保護されている資産ではあるが、企業型の場合、例外がある。それが、「**事業主返還**」制度だ。

　これは企業型の確定拠出年金に限り、3年未満で離職する者に対し、それまで企業が拠出してきた「事業主掛金」の全部又は一部を返還させることを可能にする制度だ。

　但し、対象となるのは、企業が拠出した掛け金相当額に限定される。加入者がマッチング拠出によって自ら拠出した分の運用資産及び、離職までに得た運用益が返還対象となることはな

第5章 ● 確定拠出年金の諸手続について　　**193**

い。更に、運用損により、年金資産の総額が事業主掛金額を下回っていた場合に、損失を穴埋めする必要はない。

事業主返還の要件や、どれだけ返還するのかといった返還割合については、企業の年金規約によって定められているので、3年未満で退職する際には予め確認しておきたい。

企業型の確定拠出年金制度には、退職金や他の企業年金と同様に「社員を会社に引き留める」「永年勤続者への労い」といった側面がある。そのため、短期で辞めていく社員には退職金を支払わず、拠出した年金資産も返してもらおう、としている企業が多いのだ。実際に、確定拠出年金の導入企業のうちおよそ7割が、年金規約の中で事業主返還の制度を定めている。

具体的には、事業主返還が認められるためには、以下、条件が3点定められている。

(1)対象者の「勤続」年数（3年未満であること）
(2)離職理由（自己都合・懲戒解雇等であること）
(3)年金規約の中で制度を明記していること

(1)はあくまでその企業での「勤続」年数であり、確定拠出年金の加入者としての期間が3年未満であっても、3年以上勤続していた社員に対しては、事業主返還を求めることは出来ない。これは、離職理由が懲戒解雇によるものであっても同じだ。厚生労働省の見解をみても、懲戒解雇による懲罰的な意味合いで事業主返還を求めることは禁じられている。

Textbook of Defined Contribution Plan

確定拠出年金から脱退する

60歳未満でも、年金資産を受け取れる場合がある

　離職や転職によって、確定拠出年金の制度そのものから**脱退**するという選択肢も、条件は厳しいが、場合によってはあり得る。

　確定拠出年金は、年金という性質上、本来はむやみに中途解約が出来ない制度となっているが、年金資産が極めて少額であり、今後も積み増しが期待出来ない等、一定の条件を満たしている場合に限って、60歳未満であっても脱退手続をとることが認められている。

　運営管理機関に脱退の請求を行い、脱退が認められると、年金資産を「**脱退一時金**」として受け取ることが出来る。脱退一時金は一時所得として課税対象となる（但し、他の一時所得と合算して総額50万円迄は非課税）。また、企業型、個人型のどちらから脱退する場合であっても、年金資産から脱退手続に関

第5章 ● 確定拠出年金の諸手続について　**195**

わる手数料を差し引かれる場合がある。詳細は、運営管理機関に確認すると分かる。

また、脱退一時金を受け取って確定拠出年金制度から脱退した後に、再就職等で再び企業型或いは個人型の加入資格を得た場合に、改めて確定拠出年金に加入することは可能だ。その場合、脱退一時金の計算の元となった加入者であった期間はなかったことになり、新たに1ヶ月目から通算加入者等期間を計算していくことになる。

脱退手続請求の要件

運用資産があまりに少額で、今後に亘って増える（追加で拠出する）可能性が見込めない場合、手数料が掛かるばかりで税制優遇のメリットを得ることが出来ない可能性がある。脱退一時金の制度は、こうした人への救済という性質があり、以下の通り、その条件は厳しい（**図表5-9**参照）。更に法改正以降は加入資格者の拡大によって、脱退要件を満たすことは極めて稀なケースになるとも言われている。誰でも気軽に請求出来る制度ではないということだ。

なお、脱退手続の申請及び提出先は、国民年金基金連合会ではなく運営管理機関である。

●企業型から脱退する場合

企業型の確定拠出年金では、加入期間の長さに関わりなく、

図表5-9 ● 脱退一時金の請求要件

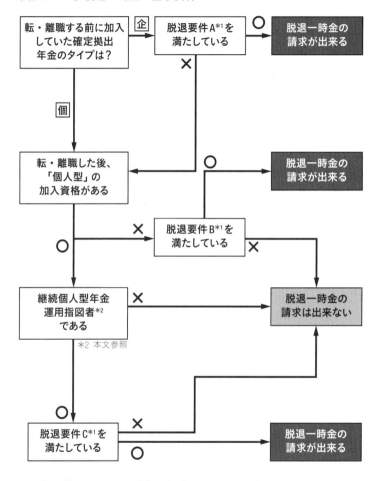

*1 脱退要件A～Cについては本文及び図表5-10、5-11、5-13を参照

図表5-10 ● 企業型確定拠出年金からの脱退要件（A）

申請期限	企業型加入資格の喪失日の翌月から6ヶ月未満
年金資産	1万5000円以内
資格要件	企業型・個人型の加入者でない 企業型・個人型の運用指図者でない

年金資産の残高によって脱退可否の判断がなされる。

　退職により企業型の加入者資格を失った時点で、年金資産が1万5000円以下の場合、加入していた企業型の運営管理機関に請求することによって、脱退一時金を受け取ることが出来る（**図表5-10**）。

　但し、請求の時点で企業型・個人型の両方の加入者でなく、企業型・個人型の運用指図者でもないこと、且つ、企業型の加入資格を失った日の翌月から6ヶ月以内に手続をすること、などの条件を更に満たしている必要がある。企業型確定拠出年金から直接脱退する場合、個人型の加入資格の有無は問われない。

　また、1万5000円より多く年金資産があった場合でも、次に述べる個人型の脱退要件を満たしている場合は、企業型から直接脱退することは出来ないが、いったん形式的に個人型に移換をしてから、脱退の手続をとることが出来る可能性が残されている。

図表 5-11 ● 個人型確定拠出年金からの脱退要件（B）
　　　　　　（個人型の加入資格がない場合）

申請期限	個人型・企業型の加入資格を喪失した日から2年未満
年金資産等	年金資産が50万円以下 又は 通算拠出期間が1ヶ月以上、3年以下
資格要件	企業型の加入者でない 個人型の加入資格がない 確定拠出年金の障害給付金受給権者でない 企業型の加入資格喪失時に脱退一時金を受給していない

●個人型からの脱退の場合（個人型の加入資格がない場合）

　個人型の加入者だった人や、企業型の加入資格を失ったが、企業型からの脱退要件を満たしていない人については、**図表5-11**の要件を全て満たしている場合、脱退の請求をすることが出来る。個人型の加入者だった場合は、その運営管理機関に対して請求を行う。一方、企業型から脱退した場合は、手続上、いったん個人型へ移換して個人型の運用指図者になり、移換と同時に脱退の請求を行うことになる。

●「継続個人型年金運用指図者」の場合

　企業型確定拠出年金の資格喪失後、企業型の運用指図者又は個人型の加入者となることなく、個人型の運用指図者となり、更にその後2年が経過した人を、「**継続個人型年金運用指図者**」と呼ぶ（次→**図表5-12**）。

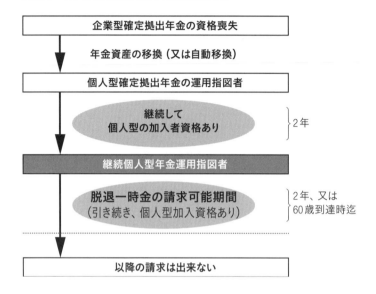

図表5-12 ● 継続個人型年金運用指図者

　以前は、年金資産が少額であっても個人型の加入資格がある場合、脱退は認められなかったが、2014年からは、継続個人型年金運用指図者に限り、**図表5-13**の条件を満たす場合に、個人型の加入資格があっても脱退一時金を請求出来るようになった。

　確定拠出年金は、ある程度の資産を運用して初めて、非課税の効果を実感出来る。利用出来る人は最大限利用することで、

図表5-13 ● 個人型確定拠出年金からの脱退要件（C）
　　　　　　　（個人型の加入資格あり）

申請期限	継続個人型年金運用指図者となってから2年以内
年金資産等	年金資産が25万円以下 又は 通算拠出期間が1ヶ月以上、3年以下
資格要件	継続個人型年金運用指図者である 確定拠出年金の障害給付金受給権者でない 企業型の加入資格喪失時に脱退一時金を受給していない

小さくはないメリットを享受出来るが、残念ながら、現在の制度では、加入資格に制限がある以上、どうしても、その恩恵を十分に得ることの出来ない人たちが存在する。脱退一時金の制度は、そうした人たちへの救済策ではあるが、非常に限定的で且つ複雑な制度になっている。

　確定拠出年金の今後を考えると、加入資格をもっと拡げつつ、全体を通じてもっとシンプルな枠組みになることに期待したい。

第5章 ● 確定拠出年金の諸手続について　201

Textbook of Defined Contribution Plan

金融機関が破綻したら、
年金はどうなるか?

　最後に、確定拠出年金の運用にあたり、勤め先企業や関わる
金融機関が破綻した場合についても、簡単にまとめておこう。
あまり楽しくはない仮定だが、重要な問題だ。

　どんなに盤石と思われる金融機関や大手企業であっても、
「絶対」はない。まして、確定拠出年金のように関わりが数十
年の長期に亘る場合、その途中で、関わる金融機関や勤めてい
た企業が破綻することは十分に起こり得ることだ。その場合に、
自分の年金資産がどのような影響を受けるのか、或いは受けな
いのかを知っておくことは、大切だ。

勤め先企業、運営管理機関、資産管理機関は、破綻・
倒産しても確定拠出年金の資産は全額保護される

　第1章でも述べたが、企業型の場合、勤め先企業が倒産した
り、業績が悪化したりした場合でも、確定拠出年金では年金資
産の全額が保護され、年金として貰う金額が後から引き下げら

202

れることはない。

　また、運営管理機関や信託銀行等の資産管理機関が破綻した場合でも、これらの金融機関の資産と加入者の年金資産は分別管理されているため、年金資産は全額保全される。

全額保護されない可能性があるのは？

　「運用商品の提供会社」が破綻した場合、全額までは保護されない運用商品がある。これは、確定拠出年金での運用に限らず運用商品毎に定められているので、覚えておくとよい。

　先ず、投資信託は、販売会社、運用（委託）会社、受託会社と幾つもの会社が関わって運用されているが、そのどの部分を担う会社が破綻した場合でも、加入者の年金資産は分別管理されているため、法制上は全額が保全される。

　次に、投資信託以外の確定拠出年金で扱う運用商品については、元本確保型か否かによらず、全額保全されない場合があるので、個別に注意が必要だ（次ページ**図表5-14**参照）。

　特に、確定拠出年金を定期預金で運用していたとすると、長期に亘る運用の案外早い時点で、資産が**預金保険制度**による保護対象金額である1000万円を超えてしまっている可能性がある。また、確定拠出年金以外に、その金融機関に口座を開いていた場合は、異なる支店であっても、全て合算して計算される。「一人、一行、1000万円迄」は、確定拠出年金だけではなく、

第5章 ● 確定拠出年金の諸手続について　**203**

図表5-14 ● 金融機関の破綻による年金資産の保護の範囲

預金 （定期預金等）	元本1000万円とその利息までが保護される（預金保険制度） ※確定拠出年金以外に、破綻した金融機関に預金があった場合は、全て合算して1000万円迄
生命保険	責任準備金等の90％までが補償される ※積み立ててきた保険金の90％が補償されるという訳ではない ※責任準備金…保険会社が将来支払う保険金や給付金のために積立が義務付けられているもの
損害保険	保険金・返戻金の90％迄が補償される

お金に関する、初歩的且つ最低限の知識として覚えておこう。

　今、直ちに危ないと思える銀行は現在ただ今の日本には無いように思われるが、今後、数年単位で全ての銀行が絶対大丈夫だと言うことはとても出来ない。銀行は見かけよりも不安定なビジネスなのだ。

第6章

変化に対応する

●第6章のポイント

さまざまな「変化」

　前章までの各章で、確定拠出年金について、現在の制度や運用商品、金融市場の環境などを前提として、これをどう扱ったらいいのかについて、申し込み方、運用商品の選択、転職などで資金を移換する手続、そして受け取り方までを、一通りご説明した。案外簡単だと思われた部分もあれば、これは面倒で手強いと思われた部分もあったのではないかと想像するが、読者のそれぞれの現状にあって、確定拠出年金について「今」何をしたらいいのかが、お分かり頂けたことと思う。

　ところで、改めて言うまでもないが、世の中の多くの事情は時間と共に変化する。確定拠出年金に関連するあれこれにも、今後変化があることは十分予想出来る。将来どのような変化があるかを完全に予想する事は残念ながら出来ないが、変化があった時に、読者が確定拠出年金について何をしたらいいのかを決める「考え方」は、ある程度事前に用意しておくことが出来る。第6章では、確定拠出年金に関連する将来の「変化」にどう対応したらいいかについて、その考え方をまとめておきたい。

将来起こり得る変化を網羅的に予測することは難しいが、確定拠出年金を使っていく上で起こり得る重要な変化として、(1) 運用市場の変化、(2) 運用商品の変化、(3) 制度の変化、(4) 加入者自身の人生の変化、の４種類の変化を考えることが出来る。

　これらの変化が起こった時に、自分の確定拠出年金をどう処置したらいいのかを決める考え方が予め分かっていると安心だ。

　本章は本書の「総まとめ」である。

Textbook of Defined Contribution Plan

運用市場の「変化」

　確定拠出年金に関して読者が「変化」という言葉を聞いた時に、真っ先に思い浮かべるのは、株価が急落するような、運用市場に関する変化ではないだろうか。

　例えば、日経平均が2万円だったものが、3ヶ月くらいで1万6000円に値下がりする、といった2割程度の株価の下落は、2年に一度くらいはある「普通の変化」だ。しかし、確定拠出年金で株式に資産を配分していると、青ざめて、そわそわするような人が、確実にいそうだ。

　株価の他にも、為替レートの急変や、債券利回りの大幅な変動なども、市場では起こり得る。為替レートの変動は、ニュースなどでも取り上げられ易いので、「大変だ！」と慌てる場合がありそうだ。

　他方、債券利回りの変化は、実は運用の意思決定に大きな影響を与えることがあるのだが、注目のされ方が地味に思える。運用に関心のない方の中には、「債券の利回り上昇とは、債券価格の下落を意味する」といった基本を理解していない方もい

208

る。特に企業型の確定拠出年金を利用されている読者が受けておられる導入時教育及び継続教育が適切なものであるかが、少々気になるところだ。

　運用の入門書の中には、毎日市況をチェックすると、気になってしまうし、過剰な売買につながりかねないとして、市況チェックを行わないことを勧める論者もいる。しかし、本書では、運用市場がどのような状態であるのかについては、毎日チェックすることをお勧めする。市況の変動を見ていないと、「リスク」を実感と共に認識することが難しい。

　毎日チェックするものは、日経平均、為替レート、NYダウに長期金利の4つでいいだろう。これらは、主な新聞に毎日載っているし、もちろんネットでも調べられる。前日との変化を見て、「どうしてだろう？」、「次にはどうなるだろうか？」と1日に10秒くらい考えると、経済と市場について考える思考のスイッチが入る。ニュース一般に対しても、市況との関連で関心が高まる。

　なお、日経平均は値嵩株（株価の高い株）のウエイトが高く、分散投資の点でTOPIXの方が優れている。そのため、日本株の投資対象としては日経平均連動ではなくTOPIX連動のインデックス・ファンドを持つ方がいいので、指標としては、TOPIXを見るのでもよいのだが、ニュースに接していると日経平均の方が目や耳に入り易いので、チェック対象は日経平均で構わない。

　ちなみに、100グラム単位で測ることが出来る体重計に毎朝

第6章 ● 変化に対応する　209

乗って、体重の変化を見て、日々の日経平均の変動原因を考えるような調子でその理由を考えると体重を上手くコントロールすることが出来る（本当である）。

　さて、例えば、3ヶ月間に日経平均で見て株価が2割下がったとして、読者の確定拠出年金口座に国内株式への投資配分があるとする。これをどう処置したらいいだろうか。

　このときに肝心な事は、確定拠出年金の中「だけ」で考えないことだ。

　確定拠出年金口座の中の運用内容だけでなく、NISAやその他の証券会社や銀行で行っている運用を合算して、「それでは国内株式にどれだけ投資するのが最適だろうか？」と考えるべきだ。

　確定拠出年金に対する拠出額については、変更する必要がない場合が多いだろう。確定拠出年金には掛け金の「所得控除」という大きなメリットがあるので、拠出額は自分にとって可能な（経済的に及び制度的に）最大限の金額を拠出し続けることが「最適」となる場合が多いはずだ。

　問題は、確定拠出年金の口座の中にあるものも含めて国内株式への配分をどうするかだ。先ずは、現状を正しく把握しなければならない。この際に、大事なのは、「もともと幾ら投資したか」ではなく「今、幾らの価値があるか」だ。

　本書の読者は、手数料が安くて管理が容易なインデックス・ファンドで運用しているはずだが、念のため、ターゲットとする株価指数と自分の運用対象の時価価値の変化率を比較して、

210

指数と同様の動きをしているかどうかをチェックしておこう。

　運用内容を確認した結果、例えば、確定拠出年金の口座に200万円、NISAに80万円、それ以外に証券会社の一般口座に200万円の合計約480万円の「国内株式」を持っている状況だとしよう。過去3ヶ月間にTOPIXが日経平均と同じだけ（2割）下がったとして、TOPIX連動型のインデックス・ファンドに投資していたとすれば、確定拠出年金口座の国内株式投資は250万円から、200万円に減ったということになる。ちなみに、NISAではTOPIX連動型のETFに投資しているはずだ。自分の資産運用トータルでは600万円から480万円に減って、120万円の損が発生したことになる。これは、残念だが、既に起きたことなので、仕方がない。事前に予測はできなかったのだから、後悔する必要もない。「これから、どうするか」のみに集中するべきだ。

　運用全体としては、起こり得る9割のケースでは、おそらく、(1) 何もしない、か (2) 日本株に投資する投資信託を買い増しする、の何れかが正解だろう。(3) 日本株に投資する投資信

託を売って、日本株に対するリスクを下げる、という選択があり得なくはないが、これは、今後も更に日本株が下がるとの強い見通しがある場合に行うことだ。通常、素人ばかりでなくプロでも、投資家がそのような強力な見通しの根拠となるものを持てることは殆どない。

　日本株が2割も下がるようなときには、外国株式の株価も同じように下落している場合が多いだろう。この場合、リスク資産の中でのバランスは大きく変化していないはずだ。「株価が下落する前にもともといいと思って投資していたのだから、株価が2割下がった今は、もっといいはずだ」と考えてリスクを積み増しする気分になることが出来る人は（2）を選ぶといいし、それが結果的に幸いする可能性は小さくないだろう。但し、普通の人は、「リスク回避のために売る」という選択肢を採りたくなるのが人情なので、（1）くらいで十分だろう。

　将来の株式のリターンに責任を持つことが出来る人は誰もいない。「株式でリスクを取るのはもう嫌だ！」と思う人は、持ち株を売ってもいい。但し、筆者の直接的或いは間接的に見聞した経験によると、所有する株式をいったん売り切った後に、株価が下がり切ったところで買い直すことができた人は非常に少ない。そして、高いリターンが期待出来ないなかで、将来は潤沢な資産を確保したいと思うなら、現在の消費をより大きく切り詰めて、より大きな額を貯めていくしかない。

　さて、国内株式を買い増しするか、或いは売るか、といった調整を行う場合、確定拠出年金のスイッチングを使うことが最

適になる場合は案外少ないはずだ。

　調整に使う際の「流動性」を考えると、一般口座、確定拠出年金、NISAの順で流動性が高い。調整は、証券会社の一般口座で行うのが最も小回りが利き易い。ETFを売り買いしてネット証券を使うのであれば、数百万円の売買に対して手数料は数百円のレベルだ。但し、確定拠出年金のスイッチングを使うと、この売買手数料が掛からないので更にコスト節約になり得る場合がある。例えば、外国株式を売って、日本株の投資比率を上げたいといった場合に、確定拠出年金のスイッチングを使うのが最も低コストで手軽な手段になる場合があるだろう。

　NISAでは、持っている商品を一度売却してしまうと、非課税で運用出来る枠が復活しない仕組みだ。従って、NISA口座に入っている運用対象は、他の口座にある同様の対象を売ってなお、足りない場合にのみ売却するべきだ。また、NISA口座内で投資する対象は、期待リターンが高い事と共に、短期間の事情の変化で売りたくなる可能性が小さいものが望ましい。期待リターンが高いとしても、単独ではリスクの大きい個別企業の株式や、新興国株式に投資する投資信託のようなものではない方がいいだろう。

　多くのケースで、NISAでTOPIX連動型ETF、確定拠出年金では外国株式のインデックス・ファンドが第一の選択肢になる場合が多いはずだ。

　資産配分の調整に、確定拠出年金のスイッチングを使うか、証券会社に持っている口座の中での売買を使うかは状況によっ

第6章 ● 変化に対応する　213

てより得な手段がどちらになるかコスト的には微妙な問題だが、同じリスクを取るなら、利益が出た場合の課税が有利な確定拠出年金の資産を残すことが最適になる場合が多いはずだ。

　例えば、コップの中に入っている飲み物の分量を調整したいとした場合に、「国内株式」と書かれたコップには、底に近い方から、NISA、確定拠出年金、一般口座の液体が入っているのだと思うといい。調整したい場合は、この逆の順序で行う。コップの底まで減らし切らなければならないと確信を持つことが出来る局面は殆ど来ない。

　現実的には、もともとのポートフォリオが適切に作られていた場合、株価が上がっても下がっても、そのまま様子を見て、新規の投資の配分で全体のバランスを調整しようという程度の処置が妥当な場合が多いはずだ。

Textbook of Defined Contribution Plan

運用商品の「変化」

　新しい運用商品が登場することによって、最適な運用内容が変化する可能性もある。

　先ず、最も分かり易いのは、確定拠出年金の運用商品ラインナップの中に、新しい、より魅力的な商品が追加された場合だ。

　例えば「国内株式」或いは「外国株式（先進国株式）」のインデックス・ファンドで、これまでよりも手数料の安い商品が追加されたとする。確定拠出年金のスイッチングは、基本的には手数料が掛からない。これまで、リスク内容が概ね同じでより手数料の高い商品に投資していた場合は、新しい低手数料商品にスイッチすることが適切な行動になる。

　もう一つの潜在的な可能性としては、確定拠出年金の「外」での魅力的な商品の登場が、確定拠出年金の「中」での選択にも影響を与える可能性がある。

　例えば、現在、「国内株式」ではTOPIX連動型のETFの運用管理手数料が10ベイシスポイント前後であり、確定拠出年金の中にラインナップされている「国内株式」、「外国株式（先

第6章 ● 変化に対応する　**215**

進国株式）」のインデックス・ファンドの手数料が20ベイシス前後であることが多い。この場合、「国内株式」をTOPIX連動型ETFの形で、NISA口座など確定拠出年金の外の口座で保有し、「外国株式（先進国株式）」は、そのバランス上、確定拠出年金の中で保有することが全体として「最適」になる場合が多い。

「確定拠出年金の運用選択肢は、先ず、外国株式（先進国株式）のインデックス・ファンドから考えよう」という本書でご紹介した行動原則の背景にあるのは、以上のような事情だ。

ここで仮に、確定拠出年金の外で、「外国株式（先進国株式）」がTOPIX連動のETFよりも安い手数料で提供されるようになれば、「外国株式（先進国株式）」を確定拠出年金の外の口座で持ち、「国内株式」を確定拠出年金の中で持つような入れ替えを行うことが最適になる場合があり得る。

こうした手数料の高低で運用商品の選択を変える考え方に対して、「細かいなあ。そこまでやらなくてもいいのではないか」と思われる読者もおられるだろう。筆者も、その考え方に、強くは反対しない。現在のインデックス・ファンドの手数料水準であれば、「おおよそ最割安」な商品をはじめに選んで投資しておくなら、「最新の商品」が登場しても、そう大きな差はない。気が付いた時に、且つ気の向いた時に、入れ替えを行うことで十分だ。

大事なのは、手数料の高いアクティブ・ファンド（本書の第4章では「地雷」と表現した）を選んだり、税制上のメリット

が十分活かせないバランス・ファンドを選んだりするような、「大きな間違い」をしないことだ。小さな手数料差なら大勢に影響はない。はじめに安い手数料の商品を選んでいるはずの本書の読者は大らかに構えていてよいはずだ。

　但し、第4章で見たように、特に企業型の確定拠出年金を利用している読者の場合、企業及び運営管理機関によっては、相当に「残念な」商品ラインナップになっている場合がある。確定拠出年金の内外の運用商品の変化に気を付けておくことで、明らかな改善のチャンスを見つけることが出来る場合があるはずなので関心を持っておこう。

　既存のカテゴリーの商品以外に、資産運用における新商品についてどう考えるかを、整理しておこう。手数料が十分割安で、リスクの内容が「投機」でなく「投資」に該当するものであれば（例えば、対象が金(きん)や商品相場でなく、株式・不動産や債券）、分散投資の拡大と利回りの追求の観点から、追加を検討していい場合がある。

第6章 ● 変化に対応する

今後、検討対象に上る可能性がある商品カテゴリーとして考えられるのは、例えば、「外国株式（新興国株式）」、「REIT（不動産投資信託）」、「外国債券（新興国債券）」などの、低廉な手数料のインデックス・ファンドが登場した場合だ。手数料が安い事は絶対に必要な条件だ。

　真によい商品が新たに登場した場合、例えば、リスク資産への投資の中で、「国内株式」或いは「外国株式」を5％ないし10％程度減らして、こうした商品に投資を拡大する余地はある。但し、現在、新興国の株式と先進国の株式は非常に連動性が高く、分散投資の効果を得にくいし、加えて、国内株式も外国株式と連動性が高い。

　また、現在、新興国株式や新興国債券、REITなどに投資する商品の手数料は、国内株式や外国株式（先進国株式）に投資する商品よりも高いものが多い。

　従って、本書では、あれこれと運用選択肢のメニューを増やさずに、「国内株式」と「外国株式（先進国株式)」への投資に割り切ることにした。シンプルな方法だが、プロでもこれを確実に上回ることは簡単でない。

　将来、新しいカテゴリーの商品を運用対象に加えることは、読者自身が投資対象についてよく分かって行うのであれば問題ないが、それ以前に、ともかくは「ダメな商品」を避けることが肝心なのだと申し上げておく。

　わが国には、耐久消費財を買う場合などに、「最新型」や「新製品」を無条件に良いものだと思ってしまう消費者が少な

くない。確かに、家電製品などの場合、技術の進歩が反映した新型が次々と出て来る。しかし、運用商品の場合、運用の内容そのものが改善するようなイノベーションは滅多に起こらない。筆者の経験から言って、運用商品の新製品の99％は投資家が無視していてもいい商品であると同時に、むしろ積極的に無視した方がいい商品だ。

　また、本書では詳しく書いていないが、金融機関の職員の勧めを聞くとろくなことはない。彼らに「相談」することは、たとえ無料相談であっても止めた方がいい。彼らは、顧客から手数料を稼ぐことが仕事なのだし、市場を予測する能力など全社を挙げても持ってはいない。運用は自分で決められるだけの事を決めて、あとは運を天に任せる、というくらいの気分で行うのがいい。他人を頼ってはいけない。「運を用いる」と書いて「運用」というくらいのものなのだ。

　筆者自身が金融ビジネスに関わりながら、こう言うのは少し残念なのだが、「運用商品の新製品など、いちいち気にする必要はない」そして「金融マンに運用の相談をしてはいけない」。

第6章 ● 変化に対応する　**219**

Textbook of Defined Contribution Plan

制度の「変化」への考え方

　将来の制度の変化が確定拠出年金に影響する可能性がある。

　確定拠出年金の経済的本質は「税制面で優遇された資産運用の手段」ということなので、例えば、ありそうにない話だが、わが国に税金というものが無くなれば、確定拠出年金の中で資産運用を行う意味は殆どなくなる。所得税の税率、確定拠出年金で可能な所得控除の額、資産運用に関する課税の変化、などは折に触れて見ておくといい。但し、制度の大枠は急には変わらないだろうし、老後の生活に対する備えは必要だ。そして、「確定拠出年金だけ」では老後の備えには不十分な方が多いはずなので、確定拠出年金で使えるメリットが大きくなれば、最大限にこれを利用するのが基本だ。

　また、公的年金も含めて、年金に関する制度が変化する可能性もある。公的年金は今後、給付額が実質的に減額されていく予定であり、将来、支給開始年齢が引き上げられる可能性がある。将来の価値については、制度的な不確実性がかなりある。

　一方、確定拠出年金は、運用の成否に伴う不確実性があるが、

自分の口座の資産が確実に自分のものになるという意味での受給権の保護は比較的強力だ。確定拠出年金の資産の一部を没収するというような事態は、論理的にはあり得ても、現実的には想像しにくい。

老後の経済的なリスク要因としては、「長生きのリスク」が大きなリスクだ。これに対応するためには、現状では、公的年金はなるべく受給開始を遅らせて将来の年金額を稼ぐべきだし、確定拠出年金にあっても、出来るだけ運用期間を延ばして税制的に優遇された運用が出来るメリットを時間に拡大したい。

各種の制度の変化に対して、基本的となる考え方は、

（1）節税出来る金額の最大利用
（2）資産運用全体の最適化と、その中で確定拠出年金に何を割り当てるのが最適か

という2つの視点に集約される。

第6章 ● 変化に対応する　221

Textbook of Defined Contribution Plan

確定拠出年金に関わる制度変化

2016年5月24日に、確定拠出年金法の**改正法**（「**確定拠出年金法等の一部を改正する法律**」）が成立した（施行は2017年1月1日）。

第1章、第2章で説明した加入対象者の拡大や、中小企業を対象とした制度の創設も、改正法に盛り込まれた内容だ。このうち、加入対象者の拡大とその他幾つかの案については、2017年1月から施行されることが既に確定している。

ここでは、厚生労働省のホームページに掲載された資料を元に上記以外の改正法の方向性について紹介する。

⑴企業年金の普及・拡大（第1章34ページ参照）

- 中小企業（従業員100人以下）を対象に、『**簡易型確定拠出年金制度**』及び『**個人型確定拠出年金への小規模事業主掛金納付制度**』を新たに設ける。
- 確定拠出年金の拠出限度額を定める単位を、月単位から年単位とする（2018年1月1日施行）。

222

⑵ライフコースの多様化への対応（第2章50ページ参照）

- 個人型の確定拠出年金について、第3号被保険者（会社員の妻）や企業年金加入者*、公務員等も加入可能とする（2017年1月1日施行）。当面の拠出可能上限額は、第3号被保険者が年間27万6000円（月額2万3000円）、企業年金加入者と公務員は年間14万4000円（月額1万2000円）。
  *企業型の確定拠出年金加入者については企業が年金規約に定めた場合に限る。

- 確定拠出年金から確定給付年金等へ、年金資産の持ち運び（ポータビリティ）を拡充する。

⑶ 確定拠出年金の運用の改善

- 運用商品を選択し易いよう、継続投資教育の努力義務化や運用商品数の抑制等を行う。

- 予め定められた指定運用方法（デフォルト商品：64ページ参照）に関する規定の整備を行うと共に、指定運用方法として分散投資効果が期待出来る商品設定を促す措置を講じる。

⑷ その他（一部、2017年1月1日施行）

- 企業年金の手続の簡素化等の措置を講じる。

　具体的に、改正法の内容を見てみよう。

　先ず、改正法の中で2018年1月1日から実施するとされているのが、「確定拠出年金の年単位での拠出」だ。

現在は、企業型で最高5万5000円、個人型で最高6万8000円と、月額での拠出限度額が設定されている（第2章49ジ参照）。これを、月単位での枠を外して年単位での設定にする、というのが改正の主旨だ（但し、年1回以上且つ定期的な拠出が必要）。企業型で月額5万5000万円が上限であった場合は年額66万円迄、個人型で月額6万8000円が上限だと年額81万6000円迄と、単純に月額を12倍した計算だ。

　拠出単位が月から年になることで何が変わるのかというと、ある月に拠出限度額を全額使い切れなかった場合に、これまでは、その使い残しを翌月度に上乗せして拠出することは出来なかったが、それが2018年から可能になる。

　例えば、拠出限度額が月5万5000円ある企業型加入者のケースで考えてみよう。家計の事情から、毎月限度額上限まで拠出するのは厳しいが、年2回、ボーナスが支給される月は家計に余裕が生じるので、一部を掛け金に回せないかと考えるかもしれない。仮にこの加入者が毎月4万円を拠出していたとすると、改正後は、毎月の使い残し分1万5000円を、年2回の賞与支給月にまとめて上乗せして、最高で改正前より18万円多く拠出することが可能になる。

　トータルでの拠出限度額こそ変わらないが、月によって掛金の額を増減出来るようになるため、今後はより柔軟な拠出が可能になる。

　なお、理屈上は、ひと月であってもより早く税制上有利なお金の運用を行う方がいいので、拠出はなるべく遅らせない方が

いい。拠出の方法については、今後政令で定められることになっているが、例えば、年間の拠出上限額を前倒しで拠出出来るようになった場合、毎月一定額を拠出するよりも、最初の月にまとめて拠出する方が実質的な運用期間（と運用額）をより大きく使えるので、期待値としては得になる。

　次に確定拠出年金の対象者拡大は、今回の大きな改正点だが、「使える人は、目一杯使おう」という方針が経済合理的な行動になる方が多いはずだ。(1) たいていの人は老後への経済的「備え」が必要であり、(2) 公的年金と確定拠出年金だけでは「備え」が不足する場合が多く、(3) 確定拠出年金が税制上有利だ、という大雑把だが確実な3つの条件の連立不等式の解は割合安定している。

　当面使えるお金が減るので確定拠出年金の利用に気が進まない方がいるかもしれないが、理屈はそういうことなのだ。

　運用の改善に関する改正法では、たぶん確定拠出年金の運用を「難しい」「分からない」と敬遠しがちの加入者への対策が検討されている。

　主な内容は、(1)商品提供数の抑制、(2)デフォルト商品規定の整備、(3)投資教育の強化、の3つに分けられる。大まかに、以下のような変化があるものと思われる。

　先ず、運用商品の選択肢が多すぎて選べない、或いは、選択が雑になるという加入者が多い事が、現状では問題だ。本書でも指摘したように、「あれも・これも型」のラインナップには、加入者の商品選択にあっても、投資教育にあっても、大いに問

題がある。そこで、運用商品数に上限を設定する、加えて、商品ラインナップの入替えに必要な要件を緩和しようというのが制度変更の趣旨だ。本書の読者にとっては、「外国株式（先進国株式）」か「国内株式」のインデックス・ファンドの中で運用管理手数料が最も安いものが残ってくれたらそれでいいはずだ。インデックス・ファンドは、投資教育上扱い易いので、これがラインナップから消える心配は少ないだろう。

　「あれも・これも」が整理されてインデックス・ファンドに集約されるなら、又は新しいインデックス・ファンドで運用管理手数料が安いものが追加されるなら、何れも歓迎すべき変化だ。

　他方、「ライフサイクル・ファンド」を自称するような、本当は中身の理解が易しくもないし確定拠出年金のメリットをフルに使えない商品を「利用者に分かり易い」と称して残すような「良くない変化」が起こる可能性もある。注意したい。

　現実に、加入者の運用傾向をみると、元本確保型の商品での運用に偏りがちである。そこで、分散投資を促進するのと共に、リスク資産への投資を促す仕組みにしようという考えも今回の改正法には盛り込まれている。そこから、元本確保型の商品を一切含まない商品ラインナップを可能にしようという考え方や、これまで特に明確な規定のなかったデフォルト商品については、ある程度リスクを取る商品を設定する場合の規定を整えることで、元本確保型以外の商品での設定を促す方向だ。

　米国での研究ではデフォルト商品を変更すると、加入者の運

用内容が大きく変わることが報告されており、例えば、内外の株式が合計で50％くらい入っている投資信託がデフォルト商品に設定されるようなケースが出て来る可能性がある。本書の読者は、自分で意図的に運用商品を選ぶはずなので、デフォルト商品の変更では大きな影響を受けないはずなのだが、起こり得る変化の一つとして状況を理解しておこう。

　加えて、加入者の投資知識の向上についても施策が講じられている。特に、確定拠出年金の導入企業が実施している投資教育のうち、継続教育の実施率が低い事が問題だとの意見がある。そこで、現在は『配慮義務』でしかない継続教育を、導入時教育と同じ『努力義務』に引き上げて、実施率を高めようというわけだ。

　投資教育の回数を増やすことで、金融機関のビジネスに取り込まれやすくなる弊害が生じる可能性があるが、金融機関から利害的に中立な投資教育が実施されるのであれば、加入者にとっても好ましい変化になり得るものと思われる。

　特に、企業型の確定拠出年金の内容を良くすることに真面目に取り組む場合、当該確定拠出年金制度が利用する運営管理機関なり運用会社なりの金融機関と利害の絡まない主体による運用教育の実施が重要だ。

　以上の施策が実施されたところで、どれだけ効果が得られるのかに関して疑いの余地はあるが、これらの変化は、本書で確定拠出年金の扱い方、特に運用内容の決め方を知った読者にとってマイナスとなるものではないはずだ。

法改正後の注目すべき点として、これまで出来なかった確定拠出年金から確定給付型年金へのポータビリティが認められるようになることが挙げられる。

　これが実施されると、確定給付型から確定拠出型の年金への移換と同様に、それぞれの制度での加入者期間を通算することが可能になる。

　現在は、例えば、確定拠出年金の導入企業から、確定給付型年金の導入企業へ転職した場合、運用指図者として確定拠出年金での年金資産を運用しつつ、確定給付型年金の加入者となり、老後の受給手続もそれぞれの年金に対して行う等、加入者側の負担が大きい。これが一本化されることは、筆者のように転職の多い職業人生を送る人からみれば、基本的には歓迎すべき改正となるのだが、元々が性質を異にする制度なので、実施に際しては、細かな調整が必要となるかもしれない。

　加入者の側では、損得をよく見極めて利用する年金を選択したい。

Textbook of Defined Contribution Plan

確定拠出年金の三原則

　さて、確定拠出年金の正しい利用法を説明してきた本書も最後のまとめを述べる段階に辿り着いた。

　確定拠出年金に関する諸々の判断をする上で重要な原則をまとめておこう。

確定拠出年金利用の三原則

原則一、確定拠出年金は、可能な限り「大きく」使う

原則二、確定拠出年金は、自分の運用全体の「一部として」扱う

原則三、運用商品は、手数料が安くて「シンプル」な物を選ぶ

　三原則は「大きく」、「一部として」、「シンプル」と三つのキーワードで覚えて頂いてもいいだろう。

　確定拠出年金は、一言で言うと「老後の備えのために税制上

第6章 ● 変化に対応する　**229**

優遇された仕組み」なので、殆どの人にとって利用することが得な制度だ。また、老後の備えは公的年金と確定拠出年金だけでは不足する場合が多いので、先ずは、確定拠出年金を、制度と自分の経済事情が許す限り「大きく」使う方向で考えるとよい。

確定拠出年金のデメリットとして、60歳迄取り崩しが出来ないことを挙げる向きがあり、確かにその通りでもあるが、本書では、老後に備えておくことは大事であり、確定拠出年金は得なので、大いに利用すべきだという論点を強調した。

特に、個人型の確定拠出年金については、自分がこれを利用出来ることを見落としている人や、手続が面倒くさいので躊躇している人が多いが、チャンスは逃さず利用したい。また、勤め先に企業型の確定拠出年金があり、利用額に選択権がある場合、なるべく大きな金額でこれを利用することが得になるはずだ。

転職して年金に関する立場が変わった場合や、制度が変わった場合など、条件に変化があった場合の基本的な原則は、税金と手数料を考えた場合に運用全体をどうするのがいいかを考えることだ。確定拠出年金をなるべく「大きく」利用することが最適解になり易い。

第二に、確定拠出年金は自分の運用の一部であると考えると、運用の中身が決まりやすくなることを覚えておいて欲しい。

確定拠出年金の中だけでリスクの大きさや、種類を決めようとすると、制度としての確定拠出年金のメリットを最大限に活

かすことが出来なくなるし、運用全体として合理的でなくなる場合が多い。自分が許容出来るリスクの範囲内で運用計画を作り、確定拠出年金には、運用計画の部品として、最も適した一部を割り当てることを考えよう。

　詳しくは、第4章で述べたが、ある程度以上の運用額がある利用者の場合、確定拠出年金には外国株式（先進国株式）のインデックス・ファンドを、NISA口座にはTOPIX連動型のETFを「割り当てる」ことから考え始めると、早く正解に達する場合が多い。

　第三に、運用商品の「評価」は実質的な手数料によって行うべきことを強調しておきたい。リスクを取る運用資産の選択肢は、現状では、内外の株式のインデックス・ファンド以外のものは考えにくい。金融業界の関係者（金融業界に近いFPなども含む）は「あれもある、これもある……」と言いたがるが、相手にしなくてよい。

　運用商品の評価と、株価や為替レートなど市況に対する予想とを混ぜて行ってはいけない。株価が上がると思っても、株式に投資する投資信託の中で手数料の高いものに投資することは「間違い」なのだ。これは、重要な考え方なのだが、多分、金融機関が提供する投資教育では教えてくれないだろう。数の上では、世の中に存在する運用商品の99％以上は、はじめから投資対象になり得ない。

　また、運用商品は、資産配分のアセットクラスに対応したシンプルなものを自分で選び、投資金額も自分で決めるべきだ。

第6章 ● 変化に対応する　231

自分のお金の問題を、他人に上手く決めて貰おうとするアプローチは上手くいかない。

　さて、最後に番外の原則として、**「お金はあくまで手段と割り切り、人生を大いに楽しむ」**と付け加えておきたい。お金は、自由を拡大してくれるし、安心をもたらすこともある有り難い代物だが、あくまでも「手段」だ。確定拠出年金で作ったお金も例外ではない。

　それまでの自分の努力を褒めつつ、同時に幸運にも感謝して、**「気持ちよく」**使って下さい！

●あとがき

　確定拠出年金法の改正が予定されていた2016年は、確定拠出年金の解説書にニーズがあるはずだ。この分野に土地勘のある人の誰もがそう思ったので、あちこちの出版社が確定拠出年金本の企画を立ち上げ、何人もの著者が解説書の執筆に取りかかったはずである。筆者もその一人だ。

　筆者は、元々、世間にある確定拠出年金の商品ラインナップや投資教育のあり方に不満を持っていたし、時に耳にする確定拠出年金加入者の運用商品選択が、あまりにも非合理的なことに半ばあきれていた。

　筆者の専門分野は、主として金融資産の運用である。運用の論理（損よりも、得を選ぶ！）を貫徹するなら、確定拠出年金の扱い方は、誰にとっても合理的に決められるはずだ、という思いがあり、これを伝えることを主眼に執筆に取りかかった。

　この構想に関しては、自画自賛で恐縮だが、運用以外の部分の判断に関しても、最終章で述べた「確定拠出年金利用の三原

則」に沿って判断して頂けたら、上手く判断できるだろうというまとまりと一貫性を得て、当初の構想以上に上手くいった。

しかし、本書では主に第5章に相当するが、確定拠出年金の制度面の説明を執筆するのは、正直なところ大変だった。この部分は、筆者の会社（株式会社マイベンチマーク）の同僚である竹中歩さんの全面的な協力を得なければ、執筆不可能だったろう。おかげで、複雑な制度を分かりやすい図で説明できた点など改善点が多々あり、彼女には幾ら感謝してもし切れない。

また、取材の過程では、確定拠出年金に詳しい大江加代さん（株式会社オフィス・リベルタスの大江英樹さんの奥様）と金融ジャーナリストの竹川美奈子さんに、確定拠出年金の現状、実務、将来の動向などについて、大いにご教示頂いた。大江英樹さん、竹川美奈子さんのご両人は、それぞれ本書と近い時期に、確定拠出年金の解説書を出版されると聞いている。本書にとっては、ライバル書籍ということになるが、楽しみだ。

また、本書にあって、筆者個人としては、木口俊也さんに挿絵を描いて頂けたことが特別に嬉しい。木口さんのイラストは、『週刊ダイヤモンド』野口悠紀雄氏の連載の挿絵で毎週見てきた。説明過剰にならずに、しかも奥の深いイラストで、将来、自分の書いた原稿に、あのような素敵なイラストを載せて貰うことができたらどんなにいいかと長年思い続けてきただけに、今回それが実現したことが喜ばしい。おかげで、自著でありながら、ページを見返すのが楽しみな本に仕上がった（立ち読みの方は、ぱらぱらとページをめくってみて欲しい）。

こうして、多くの方の助けを借りて、本書は完成に向かったが、印刷所に入稿する前日に、確定拠出年金法の改正案が可決・成立する幸運を得た。筆者としては、幸先のいい気分で、本書を世に送り出すことができる。

　2016年5月25日

山崎　元

索引

数字

360 ……………………………… 097

アルファベット

ETF ……………………………… 093

MSCI － KOKUSAI ………………… 101

NISA ……………………………… 022,127

REIT ……………………………… 111

TOPIX ……………………………… 123

TOPIX100 ………………………… 125

あ

アクティブ・ファンド …………… 065

アセット・アロケーション ……… 097

アセットクラス ………………… 072,098

あれも・これも型 …… 066,106,122

い

移換 …………………………… 085,172

移換のデメリット ……………… 186

移換申出書 ……………………… 185

一時金 ………………………… 061,155

一時所得 ……………………… 169,194

インデックス・ファンド ………… 065

う

受取人の指定 …………………… 168

運営管理機関
…… 029,051,060,075,084,105,119

運用管理手数料 ………………… 029

運用指図者 …………… 026,146,182

か

外国債券 ………………………… 103

改正法 …………………………… 036,222

確定給付年金 …………………… 025

確定拠出年金法等の一部を改正する
法律 …………………………… 036,222

確定申告 ………………………… 156

確定申告不要制度 ……………… 156

確定年金 ………………………… 153

加入期間 ……………… 149,166,168

加入時手数料 …………………… 079

加入者資格喪失届 ……………… 146

カモの養殖 ……………………… 070

簡易型確定拠出年金制度 … 034,222

還付 ……………………………… 178

還付手数料……………………178

き

企業型……………025,049,063,173
給付事務手数料…………………155
拠出限度額………………………050
記録関連運営管理機関…………082
均等払い…………………………153

け

継続教育…………………………068
継続個人型年金運用指図者……198
源泉徴収…………………………156

こ

口座管理手数料…………………080
厚生年金基金……………………025
公的年金等控除…………… 023,156
国内債券…………………………104
国民年金基金連合会……… 076,082
個人型……………019,049,074,177
個人型確定拠出年金への小規模事業
　主掛金納付制度………… 034,222
個人年金保険…………………… 041
個人向け国債・変動金利型10年満
　期………………………………104

さ

雑所得……………………………155

し

資格喪失年齢……………………151

事業主返還………………………193
資産配分…………………………097
自社株…………………… 071,102
自動移換…………………………189
死亡一時金…………… 049,061,167
終身年金………………… 061,154
ジュニアNISA …………………055
障害給付金…………… 049,061,166
少額投資非課税制度……………022
上場型投資信託…………………093
地雷………… 067,107,112,119,122
信託財産留保額…………………145

す

スイッチング ………… 022,061,144

せ

節税………………………………018

そ

総合型……………………………073

た

退職所得…………………………155
退職所得控除…………………… 023,157
退職所得の受給に関する申告書 …158
脱退………………………………195
脱退一時金……………… 048,195

ち

長期勤続者優遇…………………025

つ

通算加入者等期間·················186	**り**
積み立て方式······················043	リバランス ···························146
て	**れ**
デフォルト商品 ·····················064	レコードキーパー ·················082
と	**ろ**
投資教育······················· 052,068	老齢給付金····················· 061,149
導入時教育··························068	**わ**
に	割合指定·····························153
日経平均·····························123	
は	
配分変更······················ 061,144	
バランス・ファンド ·················071	
ふ	
賦課方式·····························042	
分割取崩·····························151	
分散投資·····························093	
ほ	
保証期間付終身年金········ 154,168	
ポータビリティ制度 ···············025	
ポートフォリオ·······················132	
ま	
マッチング拠出 ············· 058,063	
マネージャーストラクチャー ······094	
よ	
預金保険制度·························203	
ら	
ライフサイクル・ファンド ·········065	

山崎　元（やまざき　はじめ）

経済評論家。専門は資産運用。楽天証券経済研究所客員研究員。マイベンチマーク代表取締役。1958年、北海道生まれ。1981年、東京大学経済学部卒業、三菱商事入社。野村投信、住友信託、メリルリンチ証券など12回の転職を経て現職。雑誌連載、テレビ出演多数。『信じていいのか銀行員　マネー運用本当の常識』(講談社現代新書)、『難しいことはわかりませんが、お金の増やし方を教えてください!』(共著、文響社)、『全面改訂　超簡単　お金の運用術』(朝日新書)など著書多数。

かく てい きょしゅつ ねん きん きょう か しょ
確定拠出年金の教科書

2016年6月10日　初版発行

著　者　山崎　元 ©H.Yamazaki 2016

発行者　吉田啓二

発行所	株式会社日本実業出版社	東京都文京区本郷3−2−12 〒113-0033
		大阪市北区西天満6−8−1 〒530-0047
	編集部 ☎03-3814-5651	振　替 00170−1−25349
	営業部 ☎03-3814-5161	http://www.njg.co.jp/
		印刷／壮光舎　　製本／若林製本

この本の内容についてのお問合せは、書面かFAX (03-3818-2723) にてお願い致します。
落丁・乱丁本は、送料小社負担にて、お取り替え致します。

ISBN 978-4-534-05378-7　Printed in JAPAN

日本実業出版社の本

定価変更の場合はご了承ください。

自分でやさしく殖やせる
「確定拠出年金」最良の運用術

岡本和久
定価 本体1500円(税別)

加入している確定拠出年金をどう運用したらよいのかわからない人のために、安全で効率的に殖やすノウハウを、世界最大級の年金運用会社の元社長がやさしく解説します！

見る・読む・深く・わかる
入門　投資信託のしくみ

中野晴啓
定価 本体1400円(税別)

理想の投資信託を求めて自ら投信会社を立ち上げ、10万口座を保有するまでに育てた著者が、投資信託の基本から裏側まで、図解入りでわかりやすく解説する入門書！

図解でわかる
ランダムウォーク&行動ファイナンス理論のすべて

田渕直也
定価 本体2400円(税別)

市場の動きは不確実なのか予測できるのか？　ランダムウォーク、行動ファイナンス理論など投資家を魅了し続ける「市場理論」（＝錬金術）を解き明かして絶賛されている定番書！